Edwin Brod

Die Bänkelsänger
von Hädefeld

Lieder, Gedichte und Moritaten

© 2010 Edwin Brod, 97828 Marktheidenfeld
Titelbild und Illustrationen
von Hans-Wilhelm Armstark, Glasofen
Klappentext: Lothar Pfaff, Marktheidenfeld
Fotos: Main Echo und Main Post
Umschlaggestaltung und Satz: Anna Dorb, Bad Reichenhall
Druck und Verlag:
Books on Demand, Norderstedt
ISBN: 978-3839-1891-53

Vorwort

Lieder und Liedli, wie wir Franken sagen, werden Sie, liebe Leserin, lieber Leser, nachfolgend in diesem Büchlein finden.

Leider war in den 70er Jahren die Technik noch nicht so weit, sonst wären die gereimten Strophen im Originalton auf einer CD zu hören. Aber ich hoffe doch sehr, dass Sie sich Ihren eigenen Ton auf den Reim machen.

Wie kam es zu diesem Buch, zu diesen Versen, zu diesen Strophen?

Eigentlich ganz einfach: Ein gewisser Martin Neff vom Spessartbund 1876 e.V. Marktheidenfeld forderte mich auf, meine "dichterische Ader" nicht weiter unter den Scheffel zu stellen.

Und so nahm alles seinen Lauf: Meine Freunde Arthur Väth und Bruno Schäfer waren sofort mit von der Partie, 1982 kam Kurt Väth dazu, ab 1986 waren auch Ludwig Leutbecher und Hans Schmöger mit dabei.

Anfang der 80er Jahre halfen auch Markus und Ludwig Brod sowie Johannes Väth aus.

Wir nannten uns "Hädefelder Bänkelsänger" und kamen beim Publikum hervorragend an.

Meine Freunde waren, wie ich selbst, im Gesellenverein aktiv, der heute Kolpingfamilie heißt. Und hier gab es in den 50er und 60er Jahren viele gesellige Veranstaltungen, gerade in der Faschingszeit. So traten wir bei den damaligen Fastnachtssitzungen auf, die später (1971) vom Marktheidenfelder Vereinsring übernommen wurden.

Wir traten überall auf, nicht nur in der Kernstadt Marktheidenfeld, sondern erfreuten die Senioren im Altenheim ebenso wie die Patienten des Krankenhauses.
Wir hatten großartige Auftritte in den Marktheidenfelder Stadtteilen und natürlich auch bei kirchlichen Feiern.
Dafür engagierte uns vor allem der damalige Stadtpfarrer und spätere Domkapitular Karl Rost, ebenfalls ein begnadeter Sänger, dem der Humor schon in die Wiege gelegt wurde.

Wenn man von den Melodien sprechen will, nach deren Noten wir unsere Reime sangen, dann muss ich sagen:
Sie entstanden eigentlich aus dem Bauch heraus.
Aber sie passten und Spaß hat es uns auch gemacht:
Hans und Kurt im Tenor, Arthur und Ludwig im Bass und ich als "freier Libero" - es war einfach himmlisch.

Ein bisschen von diesen "himmlischen Gesängen" ist hier abgedruckt. Leider nur schwarz auf weiß. Der Ton fehlt:
Singen Sie, liebe Leserin, lieber Leser, Ihre eigene Melodie dazu!
Oder haben Sie noch die Originaltöne im Ohr?

Viel Spaß dabei!

Edwin Brod

Spessartbund ca. 1955-58
(Gedicht)

An sonnigen und kalten Tagen
wandert treu und ohne Zagen
der Spessartbund von Hädefeld
in die nahe Wälder-Welt.

Mit der Post und Bundesbahn
fängt meist so´ne Wand´rung an
und schon auf der Fahrt in´s Blau
wurde manchem Vogel mau;

Er nahm das Wurstebrot zur Hand
und (fr)aß für Volk und Vaterland.
Denn schwerlich kann man mit leerem Magen
diese ungeheuren Strapazen ertragen.

7

Und macht der Omnibus dann Halt,
geht's hinaus in Flur und Wald,
um den vollgefress'nen Bauch
abzuwandern nach gutem Brauch.

Der Führer zeigt die Richtung an
und alle folgen, Weib und Mann;
die Alten und die Jungen,
sie zieh'n dahin und sungen.

Der Pilz-Stein-Sucher Andreas
stochert da und dort im Gras.
Viel Steine fand er schon am Wege,
auch mancher Kaktus war dabei.
Die Vögel kennt er am Gelege,
die Hirsche am Geweih.

Der Führer ist mit frohem Schreiten
bald den anderen voraus:
die Ingrid sieht 'nen Storch von Weitem,
der August eine Maus.

Der Robert knipst. Am Waldesrande
stehn Rehe. Alles schweigt. ···
Auf einmal brüllt die ganze Bande,
der Rehbock uns die Blume zeigt
und wetzt entsetzt von hinnen
mit seinen Rehböckinnen.

Dann hatschen wir, noch munter,
in ein Tal hinunter.
Nur einer stöhnt: "O Weh und Ach",
er kommt fast seinem Bauch nicht nach.

Die Andern hopsen fröhlich
über Stock und Stein
und kommen ganz allmählich
in das Tal hinein.

Doch als der Letzte ankam drunten,
hat keine Seel er mehr gefunden:
Sah nur´ne Wolke in der Ferne
und blieb fortan die Schlusslaterne.

Die Andern hatten unterdessen
ein schön Stück Weg´s zurückgelegt:
gar Mancher hätt gern was gegessen,
denn wieder sich der Hunger regt.

Wie das beim Wandern halt so geht:
Der Eine läuft, der Andre steht,
ein Dritter setzt sich hintern Baum,
das gibt natürlich Zwischenraum.

Und Jeder spürt: In seinem Innern
sitzt ein Wolf, der knurrt vor Wut,
die Augen fangen an zu flimmern · · ·
wie täte jetzt´ne Brotzeit gut!

Es lechzt die dickgeschwoll´ne Zunge
nach einer kühlen Maß.
Der Staub dringt in die Lunge.
Doch ringsumher ist Gras. Nur Gras.

Den Damen wards ganz schwach im Magen,
fast musst der Andres das Käthchen tragen.
Hier hat manch wackrer Wandersmann
den guten Trunk sich abgetan.

Doch August der Erste an der Spitze
eilt in der fürchterlichen Hitze
froh dahin.
Er denkt nicht an die Andern.
Nur nach wandern, ewig wandern
steht sein Sinn.

Bis endlich ein japsender Ruf ihn erreicht,
da bleibt er steh´n.
Und nacheinander schleichen die müden
Wandrer herbei
und lagern im Grase. Und hol´n aus dem Rucksack
ein Brot, eine Wurst, ein Ei
und es hebt ein ergötzlich Schmausen an.
Was nur reingeht, wird rein gesteckt,
und überdies hat der Andres dann
noch eine frische Quelle entdeckt.

Da sind sie alle hingeloffen
und haben sich mit dem Urquell besoffen;
denn zum Essen gehört das Trinken
wie der Ruß zum Bauernschinken.

Als dann der Hunger abgestellt,
da strahlt die vordem graue Welt
in einem andern Licht.
Dem Otmar fällt ein Liedchen ein
und alle stimmen fröhlich ein:
"Nach Hause gehn wir nicht!"

Da, plötzlich kommt auf staub´gen Wegen
die Schlusslaterne hergeschlappt.
Man meint, sie war im größten Regen,
so hat das Hemd auf dem Bauch gepappt.

Es zittern die Beine vom vielen Laufen,
die Lunge tut wie ein Blasbalg schnaufen.
Dann sah man zur rechten wie zur Linken
einen halben Martin heruntersinken.

Doch wenn er auch schon halb gestorben;
sein Maul, das war noch nicht verdorben,
denn mit der noch verblieb'nen Luft
er die Schicksalsworte ruft:

"Ihr Wandervögel, ihr Bauern!
Lang wird es nicht mehr dauern,
und ich reich einen Antrag beim Vorstand ein,
so wie bis heute, darfs nie mehr sein!

Da wird man ja mit aller Macht
um seine restliche Kraft gebracht!
Wir brauchen unbedingt jetzt und später
eine Brotzeit alle drei Kilometer!

So wollen wir's halten,
die Jungen und die Alten.
All die noch kommen und die, die schon kamen,
sonst könnt Ihr mich kreuzweis!
In Ewigkeit, Amen!"

Die Hädefelder "Spechte"
(Weihnachten 1961)

1.
Des Sonntags, in der Morgenstund, da ist es amüsant,
da ziehen mit und ohne Hund die "Spechte" übers Land.
Sie wandern froh durch die Natur und durch die Spessartwelt
und fragt man sich: "Wer ist das nur?" Die "Specht" von Hädefeld:

Refrain:
Das ist der Vorstand und die Neffe Lies,
der Naumann und die Malze-Miss.
Die Leppig's Beta singt ganz laut,
die Köhler-Lies sei gut gebaut!
Der Schwenke schwenket seinen Hut:
"A sießer Goffee wär jetzt gut!"
Der Neff's Martinus schwitzet sehr
und Andre noch viel mehr.
Der Hermann Koch kümmt hinne-nooch
und pfeift aus seinem letzten Loch.
Der Brode Andres hat da was
entdeckt und stochert fest im Gras.
Der Ehrenvorstand Rachawin erzählt dem Kroma von de Bien
Der Schwarzkopfs Hans mit sei're Fraa,
die sind voll Wonne da.
Dazu die Seitze Rose,
des is die ganze Blose!

2. Und ist erreicht mit Ach und Krach
    das erste Wanderziel,
    Dann setzen sie sich auf den Ach
    und essen und saufen viel.
    Wenn dann der Wanderführer spricht:
    "Wir müssen weiter, Leut!"
    Erhebt sich meist ein groß Geschrei:
    "S wird hier geblieben heut!"

Refrain: Es bleibt der ...

3. Und wenn dann mit Verspätigung
ankommt der Omnibus:
Ein jeder zahlt, ein jeder geht,
der Gottfried schnell noch muss!
Doch endlich ist auch er mit drin,
der Herbert tritt aufs Gas,
ein Wanderlied wird angestimmt,
und alle singen gras ·

Refrain: Grün singt der ···

4. Am Marktplatz zwischen acht und neun
der Omnibus dann steht,
mit Hurraa geht's zum Eberlein,
es keinen heimwärts zieht!
Dort wird noch bis um eins, halb zwei
die Kehle angefeucht
bis gegen halber · und auch drei
ein jeder heimwärts kreucht.

Refrain: Es kreucht der ...

1964

Refrain: Des muss bloß probiert werd, des wär doch gelacht:
Mir Hädefelder höm scho ganz anneri Sache gemacht!

Einst sprach eine Jungfrau zart: "Her mit ´m Moo!
Oh, wie ist das Leben hart: Her mit´m Moo!
Einsamkeit ist nichts für mich, in fünf Johr bin ich dreißig,
Dann ist die Hoffnung ganz vorbei, drüm muss än Moo jetz bei!"

Zielbewusst gings auf die Reis´: Her mit´m Moo!
Gerade zog der Storch sei´Kreis: Her mit´m Moo!
Viele sind sich noch nicht klar, ob´s Juni oder Juli war,
im August hat jedenfalls den Landrat sie am Hals!

Refrain: Des muss bloß probiert werd...

Hädefeld ist eine Stadt: Her mit ´m Moo,
die zu viele Mädchen hat: Her mit ´m Moo!
Drum gab der Fremdenverkehrsverein in Dortmund eine Ladung ein;
und wie´s sou geht, mir sage jo bloß: Zwää hömmer widder los!

Refrain: Des muss bloß probiert werd...

Wenn mer nach Lengfurt fährt und schaut, rechts von der Stross,
werd die Kläranlag gebaut · rechts von der Stross.
Sprach der Bürgermeister: "Doo
Bau´n mer ´n extra Raum no oo
für die Besuffene, ich mach's vor:
Do wer´n sie widder klor!"

Refrain: Des muss bloß probiert werd...

1965

Ein Verein zog gegen Süd · per Omnibus.
Keiner war am Abend müd · niemals war Schluss.
Nach 'nem zünftigen Fußballspiel
wurde gefeiert vie-iel.
Müllers Burk tanzt mit viel Bravour
fränkischen Schuhplattler vor!

Refrain: Des muss bloß probiert werd...

Neulich fragte uns ein Herr · am Adenauerplatz,
was das für ein Denkmal wär · am Adenauerplatz,
hätt 'nen Glimmstengel im Gesicht!
Da sagten wir ihm: "Leider
ist das gar kein Denkmal nicht,
das ist ein Stadtarbeiter!"

Refrain: Des muss bloß probiert werd...

Wer am Dillwi Schutt lädt ab · weg mit dam Zeug,
muss an die Stadt 5 Mark berapp · weg mit dam Zeug!
Siebegscheiti hawwe jetzt
ihr'n Schutt in Hafelohr abg'setzt
un fünfezwanzig Mark Stroff geblecht:
Sou geht's, wenn mer's auswärtig mecht!

Refrain: Des muss bloß probiert werd...

1966

Skifahr'n ist ein schöner Sport, wenn es geht berga-bi.
Da sagt sich einer: Warum immer fort? Einen Gedanken hab i!
Hat ihn auch gleich praktiziert
und einen Skilift installiert.
Das war wahrlich ein gutes Werk
droben am Romi-Berg!

Refrain: Des muss bloß probiert werd...

Die Idee ist wunderbar
mit dem Wintersport-Zentrum.
Passt mal auf, im nächsten Jahr
fährt hier die ganze Welt rum!
Jung und alt, Direktor und Stift
tummeln sich am Sessellift;
und bricht man Hals oder den Popo,
das Krankehaus is nawedroo!

Refrain: Des muss bloß probiert werd...

Einst ging die Flurprozession
durch Wald und Feld,
das war gute Tradition
in Hädefeld.
Leider ist vorbei die Zeit,
heut läuft man nicht mehr so weit!
Vorigs Johr ging's um den Festplatz nur
und heuer über'n Pfarrhaus sein'm Flur!

Refrain: Des muss bloß probiert werd...

Zum nächsten Olympiafest
hat Hädefeld
zwei aus unsrer Stadt gesetzt
und oo-gemeldt.
Erstmals die vom Ruderverein,
das sind keine Schlechten.
Und, wie kann's denn anders sein,
unser'n Stadtmeister im Fechten.

Refrain: Des muss bloß probiert werd...

In der neuen Kläranlag
herrscht Überschuss
von dam gute Endprodukt,
des bald wegkumm muss.
Tausend Tonne liege dort,
und der Tag ist nicht mehr fern;
fließt der Segen weiter so fort,
dann müss´mer wieder Määscheißer wer´n!

Refrain: Des muss bloß probiert werd....

1967
Bei dem Realschule-Bau
o Schreck und Graus
irrte man sich, doch wie schlau
plante man sich raus:
Weil die Schule nun tiefer liegt
als der Wasser-Abfluss,
wer´n die Cloo´s aufs Dach verlegt.
Frischluft hat, wer ··· muss!

Refrain: Des muss bloß probiert werd...

Für die Josefskirche hat
in voller Pracht
ein Bildschnitzer uns´rer Stadt
einen hl. Josef gemacht.
Leider hat man das Kunstwerk gestellt
in die hinterste Ek - ke,
Wenn mir was g´scheit´s höm in Hädefeld,
worüm muss mer das dann versteck, hä?

Refrain: Des muss bloß probiert werd...

1967

Stolz ist, wer in unsrer Stadt
ein neues Auto hat.
Gleich wird es mal ausprobiert,
ob's auch schnell fährt!
Ab, zur Stadt raus, was er kann ·
mit achtzig durch die Pisten!
Aber, aber, Herr Dekan:
Am Schutt steh'n Polizisten!

Refrain: Des muss bloß probiert werd...

Halt! Mein Herr! Radarkontroll!
Bums, steht er still.
Dreißig Sachen über'n Soll,
das ist zuviel!
Grimmig brummt er: "Krieg die Pest!"
Zahlt die Straf, auch wenn ihm bangt,
und stellt zähneknirschend fest:
"Des hett achtzig Zigarr gelangt."

Refrain: Des muss bloß probiert werd...

Neulich gingen wir am Main
spaziifiziern,
Mit 'nem netten Mägedelein
perromenier'n.
Sagten wir: "Schau an die Schwän!
Wärst Du nicht gern einer auch?"
Meint Sie: "Einerseits wär's ganz schön ·
aber der kalte Bauch?!?

Refrain: Des muss bloß probiert werd...

18

Wer in unserm Städtchen heut
Gasanschluss möcht,
hat beste Gelegenheit, dass er ihn kriegt.
Da sprach die Maari mit Inbrunst:
"Des hömmer nit nötig, nä - ä
Mir senn Selbstversorger. Bei uns
geit´s alli tag Bohnesuppä - ä!"

Refrain: Des muss bloß probiert werd...

1968

Als man hat vor kurzer Zeit
welch eine Freud,
die neue Volksschul eingeweiht -
ja, wir sind Leut!
Manches wurde da bedacht,
was den Kindern Freude macht.
Doch vergaß man, schade
die Bevölkerungszuwachsrate!

Refrain: Des muss bloß probiert werd...

In Sankt Jupp wurd´s eingeführt -
kaum hat´s geläut´,
dass die Tür wird zugesperrt
zwecks Pünktlichkeit.
Ob du nun der Landrat bist
oder ein Arbeiter,
wenn die Tür verrammelt ist,
marschierst Du wieder weiter.

Refrain: Des muss bloß probiert werd...

Unser neuer Josefsdom
der is fei schöö!
Ringsrüm Gras seit langem schon ·
schöö kurz un gröö!
Da das Gras nun höher wächst
in den warmen Zeiten
müssen´s wir, ja da verreckst ·
als "seine" Schaf abweiden!

Refrain: Des muss bloß probiert werd...

Refrain: Des muss bloß probiert werd...

Catherin Valente hat · hört euch das an,
für den Deutschen Bundesstaat · sehr viel getan.
Das Verdienstkreuz kriegte sie
für ihr´n Xang im Fernseh´n;
auch unner Pfarrer singt, und wie!
Aber do is nix g´schehn.

Refrain: Des muss bloß probiert werd...

1971

Wenn man so an der Martinsbräu
ihr´n Neubau auffischaut,
do hot´s än schöne Fetze
vom Klinker awig´haut!
Und fragst Du den Walter,
darauf dieser sagt:
"Do höm die doch das Festbier
wieder viel zu stark gemacht!"

Refrain: Des muss bloß probiert werd...

Geht man so ein Stückchen Richtung Erlenbach hinaus,
so stinkt es dort vom Schuttplatz her, es wird ei´m bang und graus!
Kän Zoo un kän Gäulsmist, kän Saustall un kä Höll;
es geit ness, was sou elend stinkt wie unner Wohlstandsmüll!

Refrain: Des muss bloß probiert werd...

Die neue Gebietsreform ist sehr aktuell ·
jetzt wölle die Löhrer uns einkassiere schnell!
Die Dunnerkeils Möpperlich, die gabe nit ehr Ruh:
Die stecke uns in´ Saack nei · un mache´n Schnüd´l zu!

Refrain: Des muss bloß probiert werd...

Für manchen Beamten is des gar nit schlecht,
der denkt sich im Stillen: Kümmt mir gerade recht!
Jetz derfe die Schnüd´l in Lohr mei Ärwert schaff
un ich konn von früh um Acht bis Feierabend schloff.

Refrain: Des muss bloß probiert werd...

Spessart-Moritaten 1967

(Melodie von: "Sabinchen war ein Frauenzimmer...")

Einst zogen Fürsten und auch Grafen
quer durch den Spessartwald;
sie waren gut beschirmt und bewacht,
denn sie fürchteten Gewalt.
Dort hausten wilde Räuber,
mit Messern und Schnurrbart, so lang,
und jedem Reisenden wurde im Herzen
so grausiglich angst und bang.

Was war das damals ein Vergnügen,
als tief im Eichelsgrund
der dicke Kaufmann, Herr von Splügen,
verdorrte seinen Schlund.
Er wollt uns sein Geld nicht geben
und auch nicht sein edles Gestein;
da nahmen wir alles und auch sein Leben
und ließen ihn allein.

Gar köstlich ist die tolle Geschichte
und überall bekannt:
Gefangen wurde des Bischofs Nichte
von uns als Lösegeld-Pfand.
Doch als sie losgekaufet,
da haben wir gelacht,
denn das Luder blieb bei uns und hat sich
zur Räuberbraut gemacht.

Dem Bischof hat das sehr gestunken ·
er schickte sein Militär.
Wir lockten die Kerle in eine Falle
und rupften sie gar sehr.
Was nicht im Blut sich wälzte,
ward gefangen geschwind
und aufgeknüpft an der dicksten Eiche:
Dort dorren sie noch im Wind.

Vernehmet auch die Tat am Rohrberg
bei Eis und tiefem Schnee:
Der Überfall auf die königlich-
bayerische Postkutsche.
Der Kutscher wollt nicht parieren,
da machten wir ihn hin.
Im Schnee blieb er als Gfrierfleisch liegen
bis zum Frühlingsbeginn.

Im Heinrichsgrund am 6. Jänner
anno 1708
da wurden von uns drei Stammricher Männer
erstochen und tot gemacht.
Wir schmissen ihre Leichen
tief in das Schächerloch.
Sie wollten uns ihre Weiber nicht lassen,
wir holten sie uns doch!

Der Stadtrat von Marktheidenfeld
in der Zeit von 1966 · 1972

1. Es war schon vor geraumer Zeit · da hatten wir die Qual;
denn wieder mal war es so weit
für uns´re Stadtratswahl.
Bewerber waren viele da
von jeglicher Partei;
nur sechzehn aber ließ man zu,
und diese war´n dabei:

Refrain: Das war:

der Walter von der Martinsbräu,	Martin
der Helmut von der Polizei	Wideruh
der Kreisbaumeister Willibald	Liebler
der Jägerskurt vom Istlwald	Jeßberger
der Herbert auch vom Amtsgericht	Tributh
der August mit sei´m frache G´sicht	Brönner
Hans·Werner von der Steu·i·er	Colhoun
und andre noch vielmehr.	

Der Hubert mit sei´m Rauschebart,	Harth
vom Landratsamt der Leonhard	Schäfer
der Robert von der Kreissparkass,	Roos
der Otwin von der Häbrunnstroß,	Hörning
der Heinz vom Marktplatz fehlt jetzt noch	Lambinus
und Karl, der Metzger nebem Loch	Weißenberger
der Raimund und die Grete	Schmitt/Schmitt
und Hans vom BHE.	Fischer
Dazu der Biergermeischter,	
Ullerich, so heischt er.	

2. Gar fleißig ham sie ihre Kraft
   der Stadt in Dienst gestellt
   und vieles Gute schon geschafft
   für unser Hädefeld.
   Ist eine Sitzung anberaumt,
   Jeder zum Rathaus flitzt
   und flackt sich in sei´n Sessel nei,
   worin man bestens sitzt.

Refrain: Do sitzt der ···

3. Die Tagesordnung gibt bekannt
   der Bürgermeister jetzt;
   und gleich gehn die Debatten an,
   die Zungen wer´n gewetzt.
   Man denkt sich in die Sache rein,
   ob sie hat Hand und Fuß,
   schnell nochmals ganz tief Luft geholt,
   und schon geht's G´schwafel lost!

Refrain: Do redt der···

4. Meist geht es langsam, manchmal schnell,
   bis man sich einig wird.
   Gebabbelt wird, bis jedem ist
   die Kehle ausgedörrt.
   Die Freud ist groß einmal im Jahr
   kurz vor Laurentius:
   Zur Festbierprob, da bleibt ein jeder sitzen bis zum Schluss.

Refrain: Do säuft der ···

1972

1. Wenn man so durch die Stadt spaziert, da ist es intressant;
in jeder Straß, an jedem Eck, da stehn ein andres Amt.
Sie wuchern hier und dort und da, in Süd und Ost und West;
es sind schon so unendlich viel, mer könnt grad Säu mit mäst:

Refrain: ···
Do ist das Schulamt und die Polizei,
das Amt für Jagd und Fischerei,
die Jugendpflege, AOK,
Fürsorge und der VDK.
Das Post- und Pfarr- und Arbeitsamt,
das für Finanzen insgesamt
das Amt für Fremde und Verkehr
und andre noch viel mehr:

Das Standesamt, die Bauaufsicht,
das abgebrannte Amtsgericht,
der TÜV, die Sparkass sowieso,
das Flüchtlingsamt is aa no doo!
Das G'sundheitsamt, Grundbücherei,
die Landwirtschaft is aa dabei,
Gemeindekassenzweckverband,
dazu auch noch der Land-
rat Niklaus, dieser Lose:
Des is die ganze Blose.

2. Wenn Du als ziemlich kleines Kind zur Welt gekommen bist,
wie wirst du da geherzt, geliebt, gepäppelt und geküsst!
Es freu'n sich Mama und Papa, die Tanten insgesamt,
jedoch der erste Weg hinaus, der führt zu einem Amt!

Refrain: ···

3. Musst du dann in die Schule geh'n und später in die Lehr:
Was du auch tust, es kommt ein Amt Dir dauernd in die Quer.
Wenn du ein Haus baust oder stirbst - ja, schlachtest nur ein Schwein:
So sei gewiss, die Brüder mischen sich in alles rein.

Refrain:

4. Seid froh, Ihr Leut, wenn Ihr in Hädefeld geboren seid;
wie man gehört hat, werden wir von Ämtern bald befreit!
Es gibt noch Wunder in der Welt, kommt's uns auch spanisch vor;
ein Hurraa der Gebietsreform, sie kumme all uff Lohr!

Refrain: ...

Laurenzi Messe 1973

Nach dem letzten tausendjähr'gen Reiche
gab es sehr arg wenig dicke Bäuche.
Schuld daran war unter anderem das dünne Bier.
Auch Wurst und Haxen fehlten damals sehr!

Da fassten einige einen Entschluss,
dass man dem Übel nun abhelfen muss!
Die Martinsbräu soll brau'n ein Super-Bier
und an Laurentius, da saufen's wir.

So hat die Sache damals angefangen
in der Allee mit Hangen und mit Bangen.
Eine Schießbude und ein Karussell
war'n da und später noch 'ne Schiffschaukel.

Das Festlein wuchs und wurde groß und stark,
der Gührer kam mit sei'm Vergnügungspark.
Bald brauchte man ein immer größres Zelt,
denn alle Leute triebs nach Hädefeld.

27

Um unser gutes Festbier weg zusaufen,
kommen sie aus der ganzen Welt gelaufen!
Aus Holland, Homerich und Westberlin,
sogar aus Karscht hat man den ersten g'sehn!

Von Stuttgart kommen sie und Niederbayern,
um das Laurenzifest mit uns zu feiern.
Aus Hamburg, Bremen, Märchebrunn und U S A
ja wenn's zum Saufe geht, do sann sie da!

Sie wissen alle, dieses Bier schmeckt sehr,
und jedes Jahr braut man davon noch mehr.
Dass bald es werden tausend Hekto sein,
hilft nun ein Ober-Leerer. Namens Grein.

Nach dem letzten tausendjähr'gen Reiche
gab es sehr arg wenig dicke Bäuche.
Diese Sorgen ham wir jetzt nicht mehr
dank dem Laurentius-Jubiläums-Bier!

1973
Mitte im Summer hömmer gemerkt, dass uns 'n Bürgemäster fehlt.
Schlau, wie mir senn, do hömmer uns gleich an gewählt.
Der war vorher Lehrer · für Ziffern und Buchstabe.
Weit ist mit'm jo aa nit her · der vorher war aus Schwabe!

Unner Ullrich war uns recht · als Bürgermeister.
Der Jetzige is aa nicht schlecht · Armin heißt er.
Blöd is bloß, mir müsse heut
doppelt blech, mir dummi Leut:
Den Äne schläffe mer hauptamtlich mit,
der Anner schläigt uff mit sei'm Sprit!

Geht mer zum Äußeren Ring mol naus · sieht jeder Depp
das neuerbaute Feuerwehrhaus gleich nawé m Schäthe Sepp!
Do steckt viel Schamores drin · unn dass känner was verliert,
muss es jetz fei öfter brönn ·· dass sich des rentiert!

Esst mehr Obst und ich bleib g'sund · sagt der Cölestin;
täglich ein paar frische Pfund · in die Fressmaschin.
Öpfl un Birn, Oraasche, Zitrone · Ananas, Banane, Melone,
Alles des schmeckt uns, bloß öbbes is schitt · Houlzöpfl möuge mer nit!

1974
Seit dem Herbste haben wir · einen neuen Pfarrherr.
Dieser ist sehr nötig hier · denn er fehlte arg sehr.
Schrei'n und Schimpfen ist ihm z'wider,
spielt und singt viel lieber Lieder:
Wenn du Kümmernisse host,
dann hilft Dir Karli Rost!

Douwe'n Dillwi, ganz uff der Höh · steht's Bürgermäster-Haus;
do kann er die ganze Stadt überseh · bis Märchebrunn hinaus!
Doch ist ein Haken bei der G'schicht: Einen Stadtteil sieht er nicht!
Will Armin solo mal "Gut Schluck!" ·
zur Tenne kann die Martha nit guck!

Martin's Walter is scho lang · bei der Schwarze Partei.
Lang war sie in der Überzahl · das is jetzert vorbei!
Dass's wieder schwärzeri Zeite geit,
hot er ä dunkels Bier gebräut.
Ob das än Wert hot, is ä Frag,
weil nit jeder dunkels Bier mag.

In der Volksschul is's ä Plag · und ä Sauerei;
undicht is dort jedes Dach · dauernd rächent's nei!
Hoffentlich geht's aa nit sou mit dem Halleschwimmbadbau:
Do muss der Stadtrat fei arg uffpass,
sonst wird mer do drin aa no nass!

Wirteball in Windheim/ Hubertus 1974

1. Seit grauer Vorzeit kennen wir der Wirte edlen Stand.
Sie waren und sind nötig sehr und überall bekannt.
Der Durstige wär ohne Bier, der Wandrer ohne Bett,
der Hungrige müsst hungern sehr · wenn wir kä Wirt nit hätt!

Refrain: Do gibt's den ⋯ Löwe und den Grüne Baam,
        die Tenne, Waldschenk und das Lamm,
        den Hirsche, Karpfe, Stern und Ratz,
        das Weiße Ross, die Schwarze Katz.
        den Vogel Strauß, die Bierquelle
        den Dürnhof , die Küferstube,
        das Schiff, die Traube, den Anker
        und andre noch viel mehr.
        Die "Post" hat wieder uff in Lohr,
        kommt es auch manchem komisch vor.
        die Linde, Sonne, Wilde Sau,
        den Waldfrieden in grüner Au.
        Den Spessartblick, die Gold'ne Krone,
        den Engel, Krug, das Horn, die Schwone,
        die Aussicht, der Felsenkeller
        und andre noch viel mehr.
        Den Adler und die Rose,
        des is die ganze Blose!

2. Wenn nach des Tages Last und Müh
Du Abends kommst nach Haus:
Die Alte schmeißt dir's Fresse hie
Gleich haut's dich rückwärts naus.
Getroffen in der Seele tief
sagst Du zum Freund: "Pass uff,
derhömm hengt der Haussege schief ·
mir mache heut an druff!
Refrain: Auf geht's zum ⋯

3. Der Wirt hat niemals Ruh und Rast
und nie ist ihm gedankt,
muss warten, bis der letzte Gast
spätabends heimwärts wankt.
Und schon in aller Herrgottsfrüh
Da muss aufstehen er.
Mir frööche uns, wu kumme bloß
die junge Wirtli her?
Refrain: Sou geht's im ···

4. Doch heute seid Ihr selber Gäst ·
der Ernst lud dazu ein.
Seid fröhlich, esst und trinkt recht fest,
Hubertus wird sich freu`n!
Uns Spessarträuber gibt's nicht mehr ·
verrost ist unser Messer;
wir nehmen keinem mehr was ab ·
die Wirte können`s besser!
Refrain: Viel Spaß dem ···

Verabschiedung Kaplan Heinrich Knauer 1974

Vor ein paar Jahren sprach ganz rabiat
das bischöfliche Ordinariat:
"Den Marktheidenfeldern tun wir was an,
die kriegen einen neuen Kappelan!
Und weil nichts andres grad zur Stelle wär,
schicken wir einfach den Heinerich Knauer!"

Ja, und der Heinrich hat in Hädefeld
tatsächlich sich nicht unflott angestellt.
Tut seine Pflicht von früh bis spat,
verträgt mit jedem sich, der Diplomat,
sogar mit seinem eigenen Pfarrer.
Ja, solchi Kerli bräucht mer halt noch mehr!

Ein Gottesdienst mit ihm ist eine Wucht,
gar mancher findet, was er lang gesucht.
Die Predigten warn stets so kurz gehalten,
dass man den Anfang auch konnt behalten.
Für uns ein idealer Prediger.
Ja, solchi Kerli bräucht mer halt noch mehr!

Ein guter Freund war er dem Kirchenchor.
Mal sang er Bass, mal half er dem Tenor.
Die Altstimm hat's ihm auch sehr angetan;
ja, manchmal zwitscherte er im Sopran.
Jetzt muss er nur noch's dirigier'n probier!
Ja, solchi Kerli bräucht mer halt noch mehr!

Wenn nach dem Singen gleich beim Eberlein
der halbe Chor sich gibt ein Steilldichein,
da dauert's gar nicht lang, und in der Tür
steht einer, der auch lechzet nach dem Bier
und möcht än halbe Wurstzolat verzehr ·
Ja, solchi Kerli bräucht mer halt noch mehr!

Die Jugend ist ihm stets am Herz gelegen,
ist für sie da bei Sonnenschein und Regen.
Ob Ministranten, Schüler und so fort,
stets hilft er ihr, sogar beim Fußballsport.
Geht auch einmal ein Querpass in die Quer:
Ja, solchi Kerli bräucht mer halt noch mehr!

Er muss nun gehen, was wir nicht begrüßen,
wir werden ihn und sein Lachen sehr vermissen!
Herzlichen Dank für alle Müh und Pein,
viel Glück und Gottes Segen obendrein ·
das wünschen dir die Marktheidenfelder!
Ja, solchi Kerli bräucht mer halt noch mehr.

1974

Letzt´s Johr im Summer in der Früh · ei ei ei ei,
Schallte es plötzlich ta·tü ta·tü · sou gäiche drei.
In der Ludwigstroß om Eck · brennt dam Hermann sei Gartehaus weg.
Eigentlich is des nit schlimm sou sehr ·
von <u>der</u> Sorte hot er noch mehr!

1975

Wer von Zimmern zur Altstadt will · per Omnibus mit,
kann sich prima unnerstell · nawem Sägewerk Schmitt.
Dort ist ein Unterstellraum gericht´t · mit Sitzbänken, doch ohne Licht.
Nachts isses finster, des is nit schöö,
kä Liebespaar konn öbbes seh!

Domols hot's geeilt gar sehr · mit dam Riesebau
von unnerer Feuerwehr · des war gar nit schlau.
wie mer hört, wird der ganze Bau jetzt
nüü die Kommerwiese versetzt:
Dann kann des Feuerwehrmotorboot·le
durch´n Erlebachtunnel nein Mää.

Mitte im Summer, früh nach vier · kümmt die Martha gerennt:
Aufwachen! Armin! Murmeltier! · Guck emol naa: Es brönnt!
Gleich ruft er an bei der Polizei,
dass des Finanzamt in Flammen sei.
Die sagt, die Feuerwehr sei scho doo
und leider wär's nawedroo!

Hoffentlich ist jedem klar: Kampf dem Unrat und Schmutz!
Neuerdings besteht sogar ein G´setz für´n Umweltschutz.
Wenn die Sach mol g´setzlich ist,
brauchste än Antrag für jeden Mist!
Überall halte die Brüder uns kurz:
Loss nie mehr im Freie än F · · · trallala!

Nebe´m Festplatz, ei ei ei - steht än neue Bau.
Do kümmt unner Pfarrer nei - un der war schlau!
Wenn die Laurenzimass grassiert,
kriegt er vom Papert zu trinke spendiert
un beim Gührer derf er sogar
Auto-Scooterles fahr!

Ganz schö groß is Hädefeld - denkt ämol oo:
Märchebrunn, Zimmern un Glasefeld - alles is doo!
Mancher Ort käm noch in Betracht,
vergeblich senn aa scho Versuche gemacht.
Wir sagen Euch des Pudel´s Kern:
Die Seckel wölle´s Lorpse nit lern!

Seit ä paar Johr hot hier än Moo - sich neigerennt.
Fasenacht is sei A un O - er findt kä End.
Is er aa nit echt von hier,
trinkt er freudig unner Bier.
Dankt ihm, er ist hier im Saale,
ein "Hoch" dem Lange Kaarle!

Fasenacht im Krankenhaus/Kreisaltenheim Mar am 21.02.1975

Kommst du, o Wanderer, von Esselbach her
oder auch von Lengfurt und Karwi:
Lässt du die letzte Kurve hinter dir,
kann dein Auge, wenn es will, was schön´s seh!
      la la la · · · Es geit ness bessers uff der Welt
          als unner schönes Hädefeld!

Ausgebreitet liegt vor deinem staunenden Blick,
angeschmiegt an Hügel, Feld und Wald und Main
ein kleines Städtchen. Du bist entzückt.
Es geht nicht anders: Du musst rein!
      la la la · · · Es geit ness…

In Hädefeld wohnen liebenswerte Leut,
Einige Ausnahmen ausgenommen.
Kaum einer hat es je bereut,
Ist er als Fremder zu uns kommen.
      la la la · · · Es geil ness...

Ob du ein Dokter oder Oberlehrer bist
oder ein Firma-Braun-Arbeiter,
ob du hinter'm Haus hast einen Haufen Mist
oder Swimming-Pool und · undsoweiter
      la la la · · · mir g´höre all zu Hädefeld!

Ob du die Stross kehrst oder Säu für uns schlachtst
oder höulst Brotzeit für dein Mäster;
ob du als Schneider oder Beck dei Ärwert machst
oder hilfst im Krankehaus als Schwester.
      la la la · · · mir g´höre all zu Hädefeld!

Ob du im Hädefelder Schwarzviertel wohnst
oder in Zimmern hoch im Norden,
ob du aus der Grafschaft oder Märchebrunn kommst,
alles sind wir Hädefelder Sorten.
      la la la ... mir g´höre all zu Hädefeld!

Ob du als Säugling die Windeln noch benässt,
ob du bist ein Liebesblumenfalter,
ob du als Schüler zum Unterricht gehst
oder bist · im fortgeschritt´nen Alter:
      la la la ... mir g´höre all zu Hädefeld!

Willst du än Hädefelder Fasenachter sei,
musst du hab · wie mir · än klänne Sparre.
Musst manchmal denk, heut · · scheiß i nei ·
Ja, mir all senn Hädefelder Narre!
      la la la ... mir g´höre all zu Hädefeld!

Helau Hädefeld, unser Lied ist nun aus
wir hoffen es hat euch gefallen!
Wir danken auch sehr für den großen Applaus,
den brauchen wir "Künstler" vor Allem!
Lasst ziehn uns in Frieden wir müssen jetzt gehn,
denn hinter der Tür wart´t die Frau;
doch im nächsten Jahr gibt´s ein Wiedersehn,
bis dahin: Macht´s gut und: Helau!!!

Bruno, Edwin, Arthur

Herbst 1975 im Saalbau Lengfurt

Es tönet vom Walde: Halli und Hallo
Ihr Tierlein habt acht, denn die Jäger senn doo!

Man hat uns eingeladen zur Hubertusfeier heut,
Da treffen sich vom Kreise die gesamten Jägersleut.
Wir werden uns nicht zieren und singen euch was vor,
drum öffnet Herz und Augen und spitz auch leicht das Ohr!

Den Kreisvorsitz versieht der Kurt, er ist ein Mann vom Fach.
Sein Stellvertreter Niko steht ihm ganz gewiss nicht nach.
Und Schwergewichtler sind die zwei, auch in der Politik;
getrennt im Lager · doch als Jager sind sie da ganz dick!

Von unnerer Regierung iss aa änner doo.
Direktor Lechner hat so viel am Hals, der arme Moo:
Zuständig für den Umweltschutz, für Winzer und bumm bumm.
Wenn der jetzt noch ä Jagd hätt, do käm er nimmer rum.

Wer in der Flur spazieren geht, der trifft ihn gar bald,
den Hegeringleiter, den Seubert's Ewald.
Zur Zeit jedoch ist nix mit Pirsch. O weh, sein Herz ist wund ·
Wie sollt ein Jäger jagen auch, wenn er hat keinen Hund.

Es bläst für euch ein Bläserchor, den hört man so gern.
Der Friese Rudi steht ihm vor und will ihm noch was lern.
Es bläst für euch ein Bläserchor, so gut, da ist man platt,
weil er als Schutzpatron den heiligen Bla·si·us hat.

Herr Kirchhoff, der Dokter, er hilft jedem gern.
Ob Schrot · oder Hexenschuss, er wird ihn kurier'n!
Ihr Jager, halt euch an diesen Jagdgenossen, seid gescheit!
Es geht mancher Schuss quer · der Kurt wäß Bescheid.

Der Herr Pfarrer Dinkel, ihr Leut denkt mol oo,
der ist zwar kä grüne, aber doch än Jägersmoo.
Er schießt weder Hasen noch anderes Getier,
doch alte Sündenböcke, die hat er im Visier.

In Lengfurt jagt ein Jagdgenosse, Herr Direktor Beek.
Er jagt im Zementwerkrevier, doch alles Wild ist weg.
Er sieht nicht Rebhuhn und Fasan, sieht auch kein Häslein hupfen
das ist kein Wunder, denn vom Kalkstaub ham sie all den Schnupfen.

Herr Bürgermeister Grein von Hädefeld hat einen Hund.
Jetzt muss der Herr den Jagdschein mach, - aus folgendem Grund:
Sein Wauwau ist jede Nacht vor Hunger außer Haus,
Wenn nun sein Herr den Jagdschein macht, dann kommt bestimmt
                                                    nix raus.

Es tönet im Saale Halli und Hallo,
Ihr Bierlein habt acht, denn die Jäger senn doo.
Wir sind nun am Ende, unsre Sendung ist vorbei -
Ein Hoch sankt Hubertus und ein Hoch der Jagerei!

1976

Altfeld, Michelrieth und O - berwittbach senn
Seit dem 1. Januar - eingemeindet worden.
Jetz wisse mir aa defür den Grund;
der Armin is doch än Himmelhund:
Des war nur, dass unsre aufstrebende Stadt
einen eigenen Flugplatz hat!

Manchmol steht aa in der Zei - ung was intressants.
Do bietet nächtlich der Kingsclub zum Bei - spiel oben ohne mit Tanz!
Mit frischen Importen aus Dänemark;
auch der Stadtrat befürwortete stark!
Nach den geschlossenen Sitzungen
will er auch was offenes sehn!

Im letzte Summer hot, oh verflucht · in der Untertorstraße
den Gemüse-Cölestin besucht · ein großer, wilder Bulle!
Den hat bestimmt nicht hergetrieben
der Hunger und auch nicht der Durst.
Der wollte sich nur erkundigen,
was außer ihm kümmt nei die Wurst!

Dass der Abend nimmt ein End · gabs bei uns ein Sparprogramm.
Wegen der Zeit, sprach der Präsident, schtreichemä einisches zamm.
Da haben wir drei uns auch bedacht
und kleinere Instrumente gebracht.
Bloß der Arthur behilt sei Trumm.
Es wär doch schad, käm nömmer · bumm!!!

1977

Von oben runter wurde im letzten Jahr bestimmt,
dass die Abfuhr des Mülles der Landkreis übernimmt.
Der Landrat sprach: So sei es, auch in unsrer Stadt!
Känner hat die Abfuhr gwöllt · mir höm sie gleich g´hat.

Vom Kreistag wurde festgesetzt, und das ist einfach toll,
ob vorhanden oder nicht, ein 20-Liter-Soll.
Das hat jeder aufzubringen, alle sieben Tag!
Der Landrat sprach sein Amen. Mit uns do konner´s mach.

Hast du nun einen Garten oder wohnst im vierten Stock;
lebst du alleine oder hältst Dir einen Ziegenbock,
hast Kinder du in Menge, bist arm du oder reich:
Ist all´s egal, denn bei der Müllabfuhr sind alle gleich.

Wenn andrerseits du mal etwas mehr Abfall hast von Müll:
Der Tonnendeckel geht nicht zu · dann ist der Müll zuvüll.
Dann kannst den Dreck aufheben du ne Woche. Das ist stark,
Es sei denn, Du kaufst bei der Stadt nen Sack. Der kost 2 Mark.

In Hädefeld und anderswo ist manche Gass zu eng.
Weil´s Müllauto zu brät is, kann sich´s nit dadurch zweng.
Jetz müsse hunnert Meter trag ihr´n Dreck die dumme Leut;
Der Fortschritt ist von Nachteil, wenn die Technik geht zu weit.

Viermal im Jahre ist es Brauch, da wird vor jedem Haus
ein kleiner Flohmarkt aufgebaut, stellt jeder alles raus!
Des Abends spät und Morgens früh geht mancher auf die Pirsch
Und wenn dann noch was übrig bleibt · als Sperrgut holt´s der Kirsch!

Fasenacht im Kreiskrankenhaus / Altersheim 1977:

v. l. Arthur Väth, Edwin, Ludwig und Markus Brod

1. Fühlst du dich einmal wohl nicht sehr,
trittst bei der Arbeit kurz,
plagt dich der Hexenschuß oder
bedrückt dich sonst ein Furz.
Dann gibt's nur eins: Per Omnibus
am Maradies vorbei:
du kannst aber auch gehen zu Fuß ·
ins Krankehaus geht's nei!

Refr: Dort is: Herr Vogt mit der Verwaltigung,
der Kaiser spielt Harmonium,
die Schwester Ob´rin Regintrud,
die lacht, auch wenn es regnen tut.
Der Vaupel säbelt gern am Bein,
der Kirchhoff humpelt hinterdrein,
das Nachtgespenst und die Schwester
Cölina und noch mehr!
Leonhardis mit dem scharfen Blick,
der liebe, gute Pfarrer Schick.
Der Schindler und die Hebammen
bescheren uns die Nachkommen.
Dere Köch ihr´n Stolz kümmt aa mit nei,
dass gut gelingt der Grumbirnbrei;
Der Steiger´s Siegfried, groß und schwer,
dazu auch die Schwester
Ottilie, die famose,
des is die ganze Blose.

2. Und wenn du bist verarztetet,
vielleicht auch operiert,
dann liegst belämmert du im Bett
und schnarchst ganz ungeniert.
Auf einmal gehet auf die Tür
(beim Nachbar rauscht grad´s Clo)
Was männste, wer will gratulier?
Was männste, wer steht do???   **Refr: Do steht · · ·**

3. Und wenn du bist ganz auskuriert,
dann musst du wieder fort.
Der Abgang · der geht wie geschmiert
Im Krankehaus da dort.
Du nimmst den Koffer und die Tür
Zur Hand und schlitzt hinaus.
Jedoch · · · wer stehet da Spalier???
Des halbe Krankehaus!!!   **Refr: Do steht · · ·**

1977

Weil Hädefeld viel Schulde hot, do wär unner Idee:
Steckt sie doch innen Müllsack nei un stellten grad sou hie!
Die passe sicher nit sou uff, die nahme alles mit!
Die Karschter wölle alles doch · worum die Schulde nit?

Wenn in 5 Jahren wiederum ist Bürgermeisterwahl
und Armin fällt daneben, so ist das keine Qual.
Aus sichrer Quelle wissen wir: Er wird, wenn´s ihm gefällt,
beim Kirsch in Frammersbach als Oberleerer eingestellt!

1978 in Glasofen gesungen:

Wenn irgendwas ist los in Glasefeld,
dann wird der Dorfmanager gleich bestellt.
Für die Gemää geit er sei Hab und Gut,
sei Fraa, sein Hund, sei G´sundheit un sei Blut!
Wer kennt ihn nit, den guten Karl Werner ?
Ja, solchi Kerli bräucht mer halt noch mehr!

Allwöchentlich probt der Gesangsverein.
Wer teilt die Noten aus, bestellt den Wein?
Wer macht das Feuer und steckt an das Fass
und singt so nebenbei noch mit im Bass?
Das ist der Xanxvereinsobersänger.
Ja, solchi · · ·

Wenn wo gefeiert wird ein Heimatfest,
und ist´s auch im entfernt´sten Nest:
Die Trachtengruppe, berühmt in aller Welt
aus Glasefeld, wird sicher dann bestellt!
Und rate mal, wie heißt der Manager?
Ja, solchi · · ·

Ist einmal im Bürgerhaus was los,
soll's Bratwürst geben mit und ohne Soß:
wer steht am Herd und kocht das Sauerkraut ··
wer holt das Holz, auch wenn´s im Wald geklaut?
Ja, das ist der Bürgerhausoberverwalter!
Ja, solchi ···

Was wäre denn Glasefeld, ganz kurz gesagt,
ohne dam Karl wär bloß die Hälft gemacht.
Er is für jeden do von früh bis speet
und bleibt dann hocke, bis der Letzte geht.
Das is der hamlije Bürchemäster!
Ja, solchi ···

1978

Ehemals, vor tausend Johr · gab es dahier
bloß ä paar Fischer, dunne om Mää · dare ihr Lawe war schwer.
Sie aßen nur Fische statt Brot und Wurst,
hatten deshalb immer furchtbaren Durst.
Dem abzuhelfen, fiel ihnen was ein.
Da gibt´s doch was Gutes! Den Wein!!!

Sie besanne sich nit lang, spätzten nei die Henn,
pflanzten Rebstöck uff jedem Hang ·
täte sich fast derrenn!
Wunderbar senn die Träubl geworn,
die Fässer langten nit hinne und vorn;
gut war der Wei un der Durst eine Lust:
Sie sangen aus voller Brust:

So, auf diese Art, entstand der Weinort Hädefeld.
Weltweit wurde er bekannt von Karwi bis Glasefeld.
Weil sie ihn konnte nit salwer versauf,
mussten sie ihn bis nach Frankfurt verkauf.
Die waren froh drum, die arme Säu
hatten doch bloß Äppelwoi!

Wenn wer nit gläbt, dass Hädefeld ein Weinort war,
g´hört er bloß vor die Kirch hie g´stellt, dann werd´s em klar:
Denn, guckt er nuff zum Kirchturmgiebel,
mänt er zwar, des sei eine Zwiebel.
Aber des stimmt nit: Von eben hell
grüßt ihn ein Bocksbeutel!

Wegen der Peronospora kam eine schreckliche Paus´
Ach, wie wurden sie traurig da, denn mit dem Weinbau war´s aus.
O Jammer, o Elend, is des ä bös Dink,
jetzt müsse mir salwer des Wasser trink,
mit dam mir höm unnern Wei gedäfft,
un teuer nach Frankfurt verkäfft!

Doch seit ung´fähr Vorigesjohr geit´s aa hier wieder Wei.
Der söll sei ganz wunderbar - bloß, mer kriegt känn bei!
Hinner´m Kreuzberg wächst er her,
der Stadtrat hot´n gelobt gar arg sehr!
Jetz is bekannt aa des große Ziel:
Worüm jeder nei´n Stadtrat will!

Was unner erstes Prinzepaar war - vor etliche Johr,
is jetzt ä glückliches Ehepaar - des is doch klor!
Nachwuchs is do: Eine Tochter, ganz klein,
das Haus der 100 Weine ist sein.
Neben Silvaner und Riesling
geit´s jetzt aa Jeßberger Piesling.

Vom Eltri bis zum Strickberg un vom Romi bis Lutzepfad ·
früher war´n do Wengert un · des meiste Land g´hört der Stadt!
Tät die dort wieder Wei o·bau
unn verkäff, des wär doch schlau!
Mir ließe uns den Wei gut schmeck
un die Stadt brächt ihr Schulde weg!

02.07.1978

Am zweiten September vor neunundvierzig Johren,
da ward in Würzburg ein Knäbelein geboren.
Das war ein ganz ein junges Kind
und klein, wie halt die Babies sind.
Doch schon am ersten Tag schrie es aus voller Brust:
"Aus mir, do wird emol der Pfarrer Rost!"

Und mit den Jahren ist er aufgewachsen;
es wurden länger Arm, Gesicht und Haxen.
Als junger Mann hat er studiert
und sich vor niemand nicht geniert.
Und immer stand vor ihm sein Ziel, is wurscht, was kost:
"Aus mir, do wird emol der Pfarrer Rost!"

Nach seiner Weihe wurd er Stift in Gerolzhofen,
nach Untererthal, Schondra, Pfarrweisach berufen.
Hat dann für Gottes Reich gestritten
als Kuratus in Ruppertshütten
und auch dort hat er wieder fortgemosst
nach Steinsfeld·Wohnfurt und · als Pfarrer Rost!

In Wohnfurt droben hat er manche Tat vollbracht,
das halbe Dorf zu Bergsteigern gemacht.
Hat Dorfmusik und Schafkopf g´spielt,
wo´n Lichtlein brennt · isser hiegerennt.
Und allen Wohnfurtern war er ein großer Trost.
Die hätte´nen gern behalte, den Pfarrer Rost!

Als es dort oben nix mehr zu retten gab,
kam er vor 5 Jahren auf Hädefeld herab.
Er schafft und wirkt un baut sei Feld
und tröst un stärkt · und sammelt Geld!
Wenn Du ä Stimm hörst, unn die klingt leicht angerost,
dann spitz die Ohre: Denn die g´hört em Pfarrer Rost!

Die Frääd is groß, dass wir ihn nun besitzen
und wer nur will, dem tut von Herzen gern er nützen.
Wir gratulier´n und freun uns all
und wünschen: Bleibe stets am Ball!
Der Herr hot´s gut mit uns gemänt, wenns manchmal aa was kost.
Wir danken ihm für´n Pfarrer Rost!!!

Verabschiedung Kaplan Gerhard Staudt am 17.03.1979

Als man den Mann, der vor ihm war,
befördert hat, da wurd uns klar:
    Wollen die vom bischöflichen Ordinariat in Würzburg
    uns noch einen Gelehrteren schicken,
dann müssen sie sich aber bücken!
Die höm uns vielleicht än Kerle gebracht;
aus Obervolkach war der Knaacht!

Erst wollte er ja Förster wer(d)
dann Komiker · nein · Chemiker!
    Aber dann ließ er alles stehen und liegen und sagte sich:
    Es gibt doch zu wenig Geistliche in der Welt ·
    und nur auf die Art kumm ich nach Hädefeld!

Des hot er doch wirkli famos gemacht;
aus Obervolkach war der Knaacht!

Und als er kam, man glaubt es nicht ·
hat er 'nen Schnauzer im Gesicht!
Das war mal ein Aufruhr in der Hädefelder Damenwelt,
es ist fast nicht zu schildern.
man munkelte, er müssen durch seinen Schnurrbart
die Worte seiner Predigt filtern!
Und außerdem · er hat in der Kirche schon zweimal gelacht!
Aus Obervolkach war der Knaacht!

Er hat dann hier mit aller Kraft
gelernt, gewirkt und feste g'schafft
Tagtäglich war er und auch nächtlich schwer auf Achse
und hat sich ei'gsetzt für sei Sach vom Koupf bis zu der Haxe.
und hat bei manchen den gewissen Funken angefacht!
Aus Obervolkach war der Knaacht!

Ist irgendwo was los gewest ·
der Staudt war da · bei jedem Fest!
Er hot getanzt un g'sunge · un Gaudi un Musik gemacht
die ganze Nacht
Un hot früh's dann die Aache kaum uffgebrocht
un kä Wort mehr rausgebracht.
Sou hömmer uns scho immer die Kaplän gedacht!
Aus Obervolkach war der Knaacht!

Er muss jetzt leider nach Arnstein,
lässt uns in Hädefeld allein.
Wir sind betrübt, wünschen ihm aber des Herrgott's   reichsten Segen
auf allen seinen Wegen,
und eine erfolgreiche Seelenjagd!
Hätt mer doch no mehr von dere Knaacht!!!

Ansage zum Lied: "Die Mamme"
Johannes Väth und Markus Brod

Zus: Helau · Helau! Ihr Narre un ihr Leut;
höb der's scho gemerkt? Fasenacht is heut!
Passt fei bloß uff, sonst werd Ihr no heut Nacht ·
ob Ihr wöllt oder nit, zum Lache gebracht!

Joh: Mein Vadder hässt Väth, is Maler un Bänkelsänger
Mark: un meiner trinkt gare Bier, un is fast än Meter länger!
Zus: Bei solchene Vorfahre, mir wölle jo nit maul,
awer do fellt der Apfel nit weit vom Gaul!

Wie mir gehört höm, dass mir zu Euch kumme,
hömmer unner Repertoire unner die Lupe genumme
un ä Lied raug'sücht mit Musik un Xang ·
hoffentlich g'fellts Euch, es is nit lang!

Es hannelt vonnere Fraa om Mää,
die war ä Zeitlang ganz allää.
Trotz Mittelalter hatte sie noch Sex
un tatsächlich hot sie no Kinner gricht: Im Ganzen Sechs.

Drüm tönt ein Lied von Glasefeld bis Alpfld un nach Zimmern ·
nach Oüwerwittwi, Michert un bis zu den Märchebrünnern:
Vereint senn mir in Fräd un Leid · mir g'hörn doch alli zamme!
Bei uns geit's kän Geschwisterneid · Hädefeld is unner Mamme!

Ref. Es tönt ein Lied von Glasefeld
bis Alpfld und nach Zimmern,
nach Oüwerwittwi, Michert un
bis zu den Märchebrünnern:
Vereint senn mir in Fräd un Leid,
mir ghörn doch alli z'samme,
bei uns geit's kän Geschwisterneid,
Hädefeld is unner Mamme!

1.
Es liegt ä schöni Fraa om Mää, die höm mir all sou gare.
Mir, unner Nachkomme un die, die lang scho vor uns ware.
Die Fraa is unner Hädefeld, ein ehrwürdig Gewächs,
sie is die Schönste uff der Welt un Kinner hot sie sechs.

2.
Die bayrische Regierigung hat's damals ausgeknobelt:
Ne neue Vergewaltigung wurde uns unterjubelt.
Sou ähnlich war's, ihr wisst's jo, gelt?
Wir schlossen uns dann zammen
zur Großgemeinde Hädefeld. Es wird schon werden, Amen.

3.
Die Mamme un der Kinner Schar alli ringsaußerüm
vertrage sich wie nie zuvor, kaum muss mol änner schenn!
Mir senn uns jetzert einig, bloß · vom Pappe fehle Spende!
Erst hot er eingebrockt die Soß, jetzt schind't er Alimente.

4.
Wenn läfft die Soß, kümmt die Mama un läicht dan Bankert trocke.
Unn läfft die Nase, putzt sie aa dan Routz von sei're Glocke.
"Kumm her zu mir", sou rüfft sie fest, "kumm her zu dei're Mamme,
dei Vadder is ein Lump gewest, doch mir, mir bleiwe zamme!"

5.
Wenn man die Sach nun so betracht, scheint sie nicht gar so schlecht.
Es wurd das Beste draus gemacht, und uns allen ist es recht.
Jetz is, wie's is. Mir raffe uns, wie mir gebaut senn, zamme!
Des wölle doch die Kinner all, un des will aa die Mamme!

1979

Früher hot mer sich Sorge gemacht · weil sou groß die Not:
Der Vadder hot sich halb ümgebracht · für an halbe Läb Brot.
Heut is des ganz annersch, Mann ·
jeder frisst, was er nur kann!
Sorgen macht bloß uns Leut, uns modernen,
die Rückstände zu entfernen.

Hädefeld, des muss mer sag · un des is wohr,
Hot die modernste Kläranlage · zwische Werde un Lohr.
Jetz werde mir doch im ganze Land
(Wenn auch nicht durch die JVA) bekannt:
Weil sou groß unnern Scheißhafe ist,
will drin jeder loswerd sei'n Mist!

Neuli höm mir nachts geトrömmt · un des is was genau's:
Die Bayriche Regierung kümmt · bald ins Hafelohrtal naus!
Dann derfe die aa die Mauer bau,
ness is uns doch lieber!
Wenn die dann dinn senn, gehe mir nau
un bediene die Schieber!

Letztes Johr gab's jo racht viel · Lärm un Trara ·
manchmal ohne Maß un Ziel üm die JVA.
Nachdem die Sach nun entschieden ist,
wird dir auch langsam klar:
Willst du deinen Bruder besüch, o Christ,
musste nach Würzburg fahr.

Auch wege'm Freibad im Maradies · gab's viel Hin und Her.
Der Äne schreit hott, der Annere wist · fast läfft der Karre quer.
Wenn des Kindle mol richtig läfft,
hetts dann jeder gare gedäfft.
Halft doch all zamm! Sonst kann die Gemää
dort doch nit bade geh!

Wer in unserer Stadt · is gerisse un schlau
un dan Stadtrat hinner sich hot · kann siewe Stock hoch bau!
Mecht gleich dam Kircheturm Konkurrenz,
fehlt em nur des Gebimmel.
No ja, mer wäss nit, letzten End´s
kümmt mer aa uff die Art nein Himmel?

Der historische Verein · arbeitet wie ein Wilder,
dreht herum jeden alten Stein · und sücht alti Bilder!
Mir könnte ihm do ziemlich viel
Weibs· und Monnsbilder empfehl.
Allerdings wurden die, meist bei der Nacht,
düwe der Anlag gemacht!

Mai **1980**

Refrain: Es geit ä Sorte Mensch uff dere Welt
            sou zwische Ministrant und Pfarr
            nit bloß bei uns is Hädefeld ·
            un leider senn die Kerli ziemli rar.
            Sie kumme aus des Bischofs Gärtnerei,
            als jungi Pflanzli, frisch gedüngt un g´sprötzt ·
            uff jedem Boude sölle sie gedeih ·
            un werr´n dann irgendwuhie g´setzt.
            Ihr wisst genau, wen ich do mään ·
            unner Kaplän!

Sie kumme daher, ganz frisch von der Weih,
Azubis im Weinberg des Herrn
un müsse kopfüber ins Wasser nei ·
in Gott´s Nome, es wird scho wer´n
Und siehe da · schon nach kurzer Zeit,
do fühlt sich dann känn mehr allää
un määnt, er wär scho ä halwi Ewigkeit
in un´re schöne Gemää!   **Refrain:** Ihr wisst ···

Die schicke uns manchmal Kerli doher,
do wässte nit aus un nit ei!
Mol isses en halwe Seelemasseur
mit'm Hoorwerk · dein Kamm möchst ihm leih!
Der Anner hot im G'sicht än Schnurrbart hange
mir höm aa scho mol änner kricht,
der is gaaanz laaangsaaam gange,
dass sei Heiligeschein nit raafellt un verbricht! **Refrain:** Ihr wisst...

Un wieder än Annere liebt Fußball mehr
un mancher singt mit im Kirchechor
der Nächste löscht half bei der Feuerwehr ·
un sprüht von Witz un Humor.
Der Äne isst gare Lawerwurscht,
der annere trinkt liewer Bier
un manchi hömm überhapt kän Durscht ·
es senn halt Mensche wie mir.   **Refrain:** Ihr wisst ··

Wie gut, dass es no ä paar Kerli geit,
die zu uns kumme her
un halfe dem Pfarr un der Leut,
un fällts aa manchmol schwer.
Wie gut, wenn sie dann wisse, wuhie, wunei,
bei uns sölle sie sei dehömm;
mir wölle dankbar für jeden Änzelne sei,
es is scho gut, dass mir sie hömm!   **Refrain:** Ihr wisst ···

Es geit ä Sorte Mensch uff dere Welt
sou zwische Ministrant un Pfarr ·
un leider senn bei uns in Hädefeld
die Kerli ziemli rar.
Drüm män i halt, des wär doch wirkli schöö,
mir halfe doch sonst aa immer zamm!
Vielleicht klappt's widder in unnere Gemää ·
mir könne doch nit immer bloß nahm!   **Refrain:** Ihr wisst ···

Laurenzimesse 1980

1. Liewi Leut mir grüße euch racht schöö
do in dam Riesezelt.
Willkumme aa die Hotvolee
bei uns im schöne Hädefeld.
Mir sölle euch ä Liedle breng,
des fällt uns gar nit schwer
Den Kehrreim derft ihr aa mitsing!
Er ist ganz leicht, hört her:

Refrain:
La-la-la- la-la Laurenzimass, du hast des süffigste Bier vom Fass;
des läfft sou schö durch mei Ma-ul, un dann fühl ich mich sou wouhl.

2. Die Laurenzimass, die is scho schöö
des wäss doch scho ein jeder!
Vom Üst´l daus bis naa zum Mää,
der Sepp wäss´s un der Peter.
Do strömt die ganze Welt herbei
un amüsiert sich hier,
setzt sich in unner Festzelt nei
un trinkt von unner´m Bier!
Refrain. La-la-la....

3. Ein jeder kommt so gern zu uns
in unser schönes Städtchen,
ob Alt und Jung, ob Hinz und Kunz,
der Charlie und das Käth´chen
aus Afrika und Köln und Lohr
löschen sie hier ihren Durst!
Und gestern kam es uns so vor:
war einer doch von Karscht!
Refrain: La-la-la...

4. Wenn do Änner mol mit sei´re Fraa
hot racht dam Bier zug´sproche
un is dann höm mit´m Trullala
un schöö nei´s Bett gekroche;
do kümmt er lang no nit zur Ruh ·
des Bett schwankt rüü un nüü!
Umsonst schließt er die Äuglein zu
vor dieser Melodie:
Refrain: La·la·la...

5. Also, Hädefeld, des is scho schöö
im Winter und im Summer.
Vom Üst´l daus bis naa zum Mää,
zur Laurenzimass, do kumm·mer!
Du kümmst nit durch die Straße schier
un überall wärd käfft
un dann des gute Martinsbier:
Des läfft · un läfft · un läfft · · ·
La·la·la...

1980

Hinner der Tenne, beim dumme Gebabbel, hot ämol änner gewett:
Er tät jetz durch des Houlzfachwerk krabbel, ob änner mithalte tät?
Er probiert´s un versücht´s · un blei´t hange,
kommt weder vorwärts mehr noch zurück!
Selbst ohne Hose ging's nicht. Der Lange
Karle war äfach zu dick!

Kürzlich bekam der Herr Pfarrer Besuch ·
von einem Zeitungsmann.
Dabei ging leider die Glastür zu Bruch ·
weil der mit´m Kopf stieß dran an.
"Ach", sprach der Herr Pfarrer lächelnd zu ihm:
"Lothar, jetzt schau nicht so deppert!
Selbst hier im Pfarrhaus geht manchmal was hin
und es kommt auch mal vor, dass es scheppert!"

War in Hädefeld ein Fest · oder ä Danzerei
oder sonst etwas gewest: Der Herr Pfarrer war immer dabei!
Meistens werd´s dabei racht speet;
des uffstehe fellt em dann hart!
Statt dass er nei die Frühmaß geht,
lösst er die fromme Leut wart´t!

Früher war des annerscht hier · mit uns alti Simpel.
wenn mir voliebt ware, gingen wir · nur in den Strohtempel!
Jetz isser fort, dem Erdboden gleich,
nimmer bekannt unserm Sohne.
Domols war er, für Arm und Reich,
jedem sein Number One.

Jedes zwäte Wort alleweil · handelt von der Ölkrise.
Die Scheich, die Himmeldunnerkeil · ziehe uns ab wie noch nie!
Eigentlich könnt uns des gar nit juck,
musst bloß übern Mää nüguck:
Wenn er genug hot, mir sage jo bloß,
könnt er aa mol sei Tank oo-streich loss!

Kürzlich hot die Ulrike · Engel Hochzeit gemacht.
Wie der Herr Pfarr nei die Kirch kumme is, hett er beinah gelacht!
Der g´samte Elferrat war do,
und kein einziger bla-u!
Ein Glück, dass die nit g´sunge höm,
die könne doch bloß hela-u!

Wenn dich der Bürgermäster sieht, lächelt er stets voller Scharm!
Und es wird, ob de willst oder nit, dir unterm Hemd sou warm!
Er lächelt rüü un lächelt nüü,
er lächelt freundlich und bräät.
Er lächelt Owends und lächelt Früh ·
er lächelt sugar, wenn er sich fräät!

1981

ICH BLAS AUF MEINEM KAMM.

Georg Barthelme

Mein Va-ter hat mich vie-les ler-nen las-sen, sieh mal

an, sieh mal an, doch lei-der nicht ein einz'ges In-stru-

ment, sieh mal an, sieh mal an, sieh mal an! So müß-te ich nun

manch-mal Trüb-sal bla-sen, wenn ich auf mei-nem

Auf dem Kamm blasen

Kamm nicht bla-sen könnt.

1. Mein Vater hat mich vieles lernen lassen, sieh mal an, sie mal an,
doch leider nicht ein einziges Instrument, sieh mal an, sieh mal an,
sieh mal an! So Müsste ich nun manchmal Trübsal blasen, wenn ich
auf meinem Kamm nicht blasen könnt.

2. Ich blase nicht Fagott und nicht Trompete.
Ich schlage keine Trommel, kein Tamtam,
versteh von Saxophon nichts, noch von Flöte ·
ich blase nur auf meinem Taschenkamm.

3. Es ist kein großes Ding, wer´s lernen möchte;
brauchst dich nicht anzustrengen wie ein Gaul:
Du nimmst den Kamm ganz lässig in die Rechte
und fährst mit ihm dabei langsam übers Maul

4. Man sollte öfters sich damit abgeben,
das wäre doch ein Sport für jedermann!
Was nützt uns letzten Ends ein langes Leben,
wenn man nicht mehr so richtig blasen kann?

5. Ist dir die Langeweile unerträglich,
und weißt nicht ein und aus mit deinem Los,
dann nimm dies Instrument und übe täglich,
und eines Tags konnte aa wie mir sou blos!

v. l. Johannes Väth, Ludwig und Markus Brod

1981

Des war dir scho ä arg's Getuu · mit dare Kläranlag;
erst will Hafelohr un Winne dezu · un dann tun die Brüder absag!

Debei brauche mir die in känner Weise,
des g'hört jo aa emol g'sagt!
Die solle doch hockblei uff ihrer Sch · · ·
bei uns werd genug gemacht!

Wenn mer ringsrüm durch die Flure geht,
nach Lengfurt un Erlebach nüü,
an jedem Eck ä Bildstöckle steht
un meistens hergericht't schöö!
Bei uns in Hädefeld schert sich kä Mensch drum.
Hält die do düwe sou halwer für dumm:
Die gawe bloß'n Haufe Gaald defür au ·
mir · · · losse sie ä·fach klau!

Endlich steht die Hauptschul jetz · dausse om Maradies.
Nach Ostern söll sie werd besetz · doch öbbes finde mir mies:
Guckt mer des Werk von auße oo,
senn quasi gotische Stützpfeiler droo.
Senn jetz die Kinner oder die Lehrer sou schlimm,
dass sie die Schul aa·g'stützt höm?

Unner Pfarrfest fiel in's Wasser ·
ness war's mit Gaudi und Prost,
Nass kam's von oben und immer nasser ·
und schuld dran war Pfarrer Rost!
Denn bei der Wallfahrt nau's der Buche im Mai
war der Herr Pfarrer noch niemals dabei.
Und wenn der Hirt fehlt, dann bet't jedes Lamm
halt sei'n eigene Stiefel zamm!

61

Die Stadt wollt domols des Flaschehaus haa - käfft aber hot sie´s nicht.
Do muss scho her än annere Moo! Hans-Wilhelm, der hot´s kriegt!
Schad is, dass des nit die Stadt hot kriegt,
sou ä Haus g´hört doch eingericht´t!
Bei dem Hans-Wilhelm frööche mir uns doch sehr:
Wu kriegt der bloß die viele Flasche all her?

Beim Wasser-Scheiner kann mer aa alli Sorte Wei käff.
Drüm lösst sich jetz die Firma aa in Wei-Wasser-Scheiner ümtäff!
Sou lang er Wasser un Wei nit mischt
un mecht kä heilige Wandlung
un uns kän Koupfweh- Traminer ufftischt,
hömmer ness gäige sei Wei-Wasser-Handlung!

Jetz führt ä neui Dillwi-Stross
sambft am Hang lang zur Höh.
Aa die größte Laster höm - do kä Schwierigkeite:
und der Bürchemäster frohlockt.
Wenn er zu lang in der "Tenne" war g´hockt,
fährt er den Promilleweg über´n Kreuzberg-Groubeschnabl-
Erlebacher Industriegebiet uff dan Dillwi-Zubringer druff;
do kümmt er aa gelade nuff!

1982
Unner Hädefelder Wahrzeiche - is jetz ganz schöö versaut:
Höm die Ölwl doch an die Brücke - sou Riesefühler gebaut!
Jetz wisse mer nit, is des für die Schiffe
bloß´ne verkappte Radarfalle
oder werd´s Hochwasser gemasse, wenn´s kümmt;
oder der Scheiß, der von Karscht abischwimmt?

Die Bänkelsänger und ihr Nachwuchs bestritten bereits in Altfeld zwei gelungene Nummern des wirklich erstklassigen Programms. Sie werden auch in der Aula auftreten.

Neulich, nach dem Hochwasser · hot´s dunnem Mää fest gebrummt;
weil, do hot unner Feuerwehr · die Kaaler ausgebumbt.
In der Schenkgasse fand man dabei
än vergassene Kaaler, voul mit Wei!
Des hot nit emol der Ernst mehr gewisst ·
mancher gläbt´s nit, wie reich dass er ist!"

Denkt ä·mol oo, was kürzlich geschah · aber beneidet sie nicht:
Höm doch der Hans·Wilhelm un sei Fraa · noo ä Töchterle kriegt!
Wahrscheinlich wegen dem Kindergeld
wurde es in die Welt gestellt.
Sein Name wird sein, man weiß noch nicht, wie:
Markise oder Jalousie!

Nächstes Johr, do isses sou weit · do geit's ä Feier: Ä Trumm!
Nächstes Johr, Ihr Leut, Ihr Leut ·· hot die Martinsbräu Jubiläum!!!
Hundert Jahre Martinsbräu,
Sechzig werd der Walter dabei
un Primiz steht aa nei's Haus:
Mir kumme aus'm Freibier nit raus!

Wenn der Herr Pfarrer Statistik macht · und seine Schafe zählt,
ist er stets darauf bedacht · dass ihm keines fehlt.
Stolz schaut er auf seine Herde hin, der es nicht an Pflege gebricht.
Schafe und Lämmer sind viele drin und auch an Böcken fehlt's nicht!

Kurz nach Neujahr wurde bei der Firma Braun ·
der Aufsichtsrat Karl-Heinz geweckt:
Es hätte sich, man höre und staun ·
ein Waschbär dort versteckt!
Die Jagdbehörde wurde informiert
und Neubaugerümpel durchgestürt.
Zum Vorschein kam nach drei Tagen, fünf Stund
der Lieblers Elli ihr'n verkommene Hund!

Do räide dauernd die g'scheite Herrn:
Rettet das vom Aussterben bedrohte Wild!
Uns aber kümmts sou vor, als wär'n · die do gar nit im Bild!
Bei uns wer'n Waald un Flure genutzt:
Do wimmelt's von Wildsäu, von Truthahn und Has:
Wenn die von der Jäger dann weggeputzt,
lösst der Eugen widder ä paar los!

Bald derfe mir jetz widder wähl · scho am merzehnte Ferz.
Armin meldete sich zur Stell: Heuer ist ihm leicht üm's Herz!
Kein Kandidat sonst von rechts und links
steht uff'm Wahlzettel druff.
Es is halt sou, un manchem stinkt's:
Gäige die Schönheit kümmt kä Mensch uff!

100 Jahre Martinsbräu   1983

Refrain: Hoch lebe das Bier ···
Seit hunnert Johr schmeckt uns jeden Tag mehr
· (Durscht, heut verreckste!)
das malzige, hopfige Martinsbier
· (Durscht, heut verreckste!)

1. Bei Tag und bei Nacht läige mir uns nei´s Zeug,
verlange immer nach mehr;
das Bier brengt uns Durscht und Erlösung zugleich,
des wäss aa die Feuerwehr..
Refrain:...

2. Wenn Hochzet is oder es wird aa ämol
zum Beispiel was Klännes gedäfft,
dann braucht mer sich doch bloß ä Fassle voul houl
un es läfft · un läfft · un läfft!
Refrain...

3. Wenn kumme die Leut aus der ganze Welt
zu unnere Laurenzimass;
Was mänste, wölle die bloß in Hädefeld?
Doch meistens unner Festbier vom Fass!
Refrain: ...

4. Wenn Huste dich plogt, un die Nase marschiert,
un im Koupf din geht´s kreuz un quer,
do brauchste kän Dokter, geh lieber zum Wirt
un loss dir dei Görgele schmier!
Refrain: ...

5. Dem echten und urdeutschen fränkischen Bayern
dem schmeckt doch nur eines: Das Bier.
Un wer des nit gläbt, ei der soll uns doch heiern
un uns drei, vier Halbi spendier!
Refrain: ...

6. Das Bier schmeckt uns allen, ob arm oder reich,
un alli Tag schmeckt es nach mehr.
Ein jeder vertilgt voller Wonne das Zeug,
sogar auch der Bier-germeister!
Refrain:...

Die Story von die Renovierung der Laurentiuskirche in Marktheidenfeld 1983
Zur Altareinweihung am 16.10.1983,
Pfarrgemeinde-Versammlung 20 Uhr

Kaum war die Renovierung der Kreuzbergkapelle abgeschlossen
und das Geld hierfür im Übermaß herein geflossen,
so dass der Herr Pfarrer gar nicht wusste, wo da mit hin.
Doch plötzlich, ganz über Nacht, kam ihm in den Sinn:
Jetzt restaurier ich Sankt Laurentius! O-ra-ti-o-ni-bus!

Noch in der gleichen Nacht rief er seinen Haus- und Hof-
architekten, Bruder Conradus, ins Pfarrhaus;
und was die beiden da nächtlicherweise ausheckten,
kam bald raus!
Weil die Laurenzikirche so arg vergammelt,
wurde mit allen Kräften nur noch für sie gesammelt.
Alles für Laurentius! Orationibus.

Und auch der Bürgermeister mit seiere Gemää,
obwohl er mächtig tat schnauben,
musste als guter Christ doch letzten Endes dran glauben.
In Peinen und Qualen
sie müssen bezahlen
den Turm von Laurentius! Orationibus.

Kaum war der Turm fertig und stand da in neuer Pracht,
da hat es in einer schrecklichen Nacht
ganz fürchterlich gekracht
und der Blitz fuhr vom Himmel
und traf den Göiker, dass die Federn stoben
und sein Schwanz stand nach oben.
Und trotzdem müssen wir den Herrn noch loben,
weil der Blitz bloß den Turm traf eben
und nicht das wertvolle alte Rathaus daneben.
Schade, Laurentius! Orationibus.

Und in der Kirche wurde unter Anleitung
der beiden Obermächer mit aller Kraft
geplant, gewirkt und auch geschafft.
Und die Statuen und Heilige mol sou · un mol sou hie g´stellt
un dann wieder annerschrüm, weils´ne sou no besser g´fellt!
Am liebste hette sich die Zwää
salwer uff die Podestli g´stellt
als Heilige Architektus! Orationibus.

Und dann auf einmal war das große Werk vollbracht.
Bis uff sou Kleinigkeite wie die neue Orgel
un die Freilegung der Fresken
un dam Kaplan sein neue Beichtstuhl
aber des werd jo absichtlich alles sou noch un noch gemacht.
Der Herr Pfarrer will jo nit bloß heuer
Kirchweih feier
neben Sankt Laurentius! Orationibus.

Ganz schön feierlich wurde die Kirchenweihe
am 12. Juni vorgenommen.
Viel Leut un Musiker senn von nah und fern gekommen.
Und die Kantorei hot Haydn´s "Schöpfung" gesungen
und dieselbe zum Lob und Dank dargebrungen.
Es war wirklich ein Genuss! Orationibus.

Ein großer Freudentag für Hädefeld war aber heut,
denn der Herr Bischof hot uns dan neue Volksaltar geweiht!
Doch gleich drauf musste er leider
nach Speyer weiter,
Weil er dort aa no was mach muss! Orationibus.

Was wär denn Hädefeld ohne Laurentius?
Kää Laurenzimass hette mer hier
un aa kä Laurenzifestbier
un die Stadträt usw. hette kä Festbierprob bis früh um vier.
Un mit dam Herrn Pfarrer seiere Schulde wär's aa Schluss!
Aber wie mir dan Kaarle kenne,
werd er scho widder was zum renoviere finne!
Dafür garantiert uns Karolos! Orationibus.

Do hot mich neuli sou än Kärle, wahrscheinlich än Preuß,
g´frööcht, worüm mir bei uns in Franke ganz ouwe uff der Kirch-
turmspitze "So ein Vieh von Gockel" hätten, wuannersch un bei
danne wär doch da oben ein Kreuz!
"Noja" höü i do g´sacht, des is bei uns scho immer sou:
"Mir hömm überall an der Spitze ä Viech! Des is unner Kreuz!"

Wie ich do neuli im Pfarrhaus war, höü i dauß´m Garte
die Schwester Rufine g´hört, wie sie ihr Göückerli g´füttert
hot: "Frasst nur, Göückerli, frasst nur!" hot sie g´sacht.
"Bei der Altarweih kümmt der Bischof, dann hoult euch der Daüfl!"

Am letzte Samstag früh hot der Pfarrer den Kaplan g´fröcht,
über was er am Sunntag präidiche dud.
"Über die Tugend der Sparsamkeit", hot der Kaplan gemänt.
"Löblich, löblich;" hot do der Herr Pfarrer g´sacht: "Löblich,
aber die Kollekte halte mer dann lieber vorher!"

1983
Wenn mer irgendwu ä Liedle singt · Trallala oder bloß Lu·ja:
verlass Dich druff: Die Post, die bringt
ä Rechnung von der GE·MA!
Die GE·Ma, des senn die letzte doch,
kassiere tun sie noch und noch!
Bloß mir kriege ness für unner Lied,
drüm singt jetzt alli gratis mit: (Des muss bloß probiert werd)

Der Herr Pfarrer wurde sehr geehrt · und zum Ehrensenator ernannt.
Entweder hot sich der "Lange" bekehrt · oder die G´schichte verkannt.
Bisher war's üblich: Wer geehrt,
hot dam Vereinsring entsprechend spendiert!
Aber wie mir dan Herrn Pfarrer kenne,
wird er heut no mitm Klingebeutel rümrenne!

Am neue Schwimmbad höm sie aa · ä Rutsche higemacht.
Des geit ä Gaudi für Moo un Fraa · un für die Kinner erst racht!
Hach, wird das fein! Es rutschen da
die großen und kleinen Rangen
raa un nuff un nuff un raa,
bis sie glühen auf allen vier Wangen!

Denkt ämol oo, was kürzlich geschah,
aber beneidet sie nicht:
Höm doch der Theo un sei Fraa
no ä Töchterle kriegt!
Da rief der Theo: Verflixt noch mal,
das war ein Herbst, beinah ideal!
Drum wird der Jahrgang bei guten Preisen
Sankt Annaberg Spätlese heißen!

1984
Helau, Ihr Narre von Hädefeld· dass Ihr widder mol was g'scheit's

hört,

Höm mir uns do vor euch hieg'stellt · un nit lang rümgeknört!
Unner Lied: Es kennt jeder hier,
is jetzt scho obligatorisch.
Lange, vorm "Lange" isses her,
mer derf scho sag: Historisch! (Des muss bloß probiert werd ·)

Bald wird wieder ein Landrat gewählt;
einer von zwei'n wird es sein.
Hauptsach: Er kümmt aus Hädefeld.
Schmitt heißt er ·· oder auch Grein!
Einerlei, wer's wird von danne zwää Knaacht:
Mir hoffe, dass er sich nit schoufl benimmt
un zur Häde- (Alt-, Glase-) felder Fasenacht
aa als Landrat kümmt!

Guckst du dir oo die Stadtratskandidate genau ·
dann fellt Dir öbbes uff:
Viel Architekte un Leut vom Bau ·
stehe uff der Liste druff!
Des is fei schöö, dasses in unnerer Zeit
aa no Idealiste geit,
die für die Stadt dann eisetze ihr Kunst
ganz billig un fast ümäsunst!

Wenn mir als aa über die Löhrer schenne ·
sie nit mit unnerm Spout schone,
öbbes jedoch muss mer anerkenne · ihre Fußgängerzone!
Soulang känn annere Wiend hier weht
un unner altes Rathaus im Waach rümsteht,
höm mir kä Chance, dass uns Hädefeld
no besser wie bisher g´fellt!

Wäre der Marktplatz vom Verkehr befreit ·
aus wär's mit Hetz un mit Eil.
Zum Plaudere mit´m Nachbar hettste mehr Zeit ·
un könntst dort aa ä wenni verweil.
Mir mäne, des wär doch gar nit verkehrt,
wenn der Marktplatz zum ruhige Mittelpunkt werd
mit mehr Kontakt zwischen dir und mir!
Mer müsst´s halt ämol probier.

1985
Vor der Wahl sprach fast jeder hier: ·
Des alte Rothaus muss weg!
Jetz uff ämol is mer nömmer dafür ·
kä´m will des jetzt mehr schmeck!
Wenn die vorgebliche Bausubstanz
gar nit sou schlaacht is in dam Gebäu;
worüm mecht dann die Stadt sou än Tanz
un geht nit salwer nei?

Weil sou dicki Luft immer war · im Stadtrat von Hädefeld,
wurde ab 1. Januar · das Rauchen eingestellt.
Selbst der Bürgermeister lässt́s sein,
der stets sou dicki Zigarre gepafft.
Seitdem ist die Luft zwar ein,
aber raache wird́s trotzdem noch oft!

Weil ihr dan Armin zum Landrat gewählt,
is er no heut ganz gerührt.
Fest steht: Gerömmt is Hädefeld ·
Karlstadt degäige geziert!
Öbbes aber ǵhört aa ämol ǵsagt
dankbar un unverblümt:
Dass zu der Hädefelder Fasenacht
jetzt auch ein Landrat kümmt!

Allwöchentlich im Mitteilungsblatt · muss unner "Nachbar" was breng,
der über alles zu meckere hot · mir könne do bloß sing:
Verschon uns, Gott, mit Strafen
und lass uns ruhig schlafen
und unsern kranken "Nachbar" auch!

Nit üms verrecke · · ·1985

1.
Ihr liewi Leut, ihr kennt uns all · mir senn die Bänkelsänger.
Der do is dick · un der do platt! · dafür is der do länger.
Mer hot uns ǵsagt · in Hädefeld ·
tet mer sich die Finger nach uns lecke · .
Mänt Ihr · wie mir kumme senn · hette di Glocke geläut́t?
Nit üms Verrecke · nit üms verrecke · · ·

2. Mir senn nämli · ganz klori Kerli · un könne aa fest schaff
als Handlangsamer un Motorsäge-stimmer · un im Zoo als Aff.
Letzt's Johr war'n mir innere Gärtnerei · zu fange die viele Schnecke.
Mänt Ihr · mir hette · ä änzige eihoul könn?
Nit üms · · ·

3. Im Summer waren mir · im Maradies ·
die Sunn schien schon · schön warm.
Die Mägdelein · wie Honig süß · taten's uns an · mit ihrem Scharm.
Ich sprach: "Haudujudu" · und ich: "l'Amour" · drauf sie: "Ihr könnt
uns wo lecke!"
Mänt Ihr · (pfeifen)
Nit üms · · ·

4. Wenn wer war hot · oder es fehlt ihm was ·
der geht nei's Krankehaus.
Doch is dort · 's Risiko arg groß ·
die losse kän · gare mehr raus!
Kümmst Du dam Kaiser in die Fäng · musst Du zuerst ·
ungefähr 40 Pfund abspecke.
Mänt Ihr · nach souere Prozedur · wär no viel ·
von dane · Lambinüs do?
Nit üms · · ·

5. Der neue Bürgermäster · Dokter Leonhard ·
der macht sei Sach · ganz gut.
Bloß · beim Ballettmädles · Küsse ·
tut er sich no hart · er wird dabei arg rot.
Aber lernfähig · wie der ist · wenn der des ·
tut mol schmecke:
Mänt Ihr · der nimmt für die Exkursione ·
dann no ämol sei Dokteri mit?
Nit üms · · ·

6. Die Laurenzikirch is fertig restauriert · die Orgel tönt endlich · Luja
Alli Heilige · senn mit Gold · uffpoliert · un mit′m Gaald stimmts aa!
<u>Bloß</u> · wenn du do din sitzt · möchte am liebste siewe Mollebuschhouse
o·zieh, weils dich sou · friert · vom Knie uffwärts · bis zum Becke.
Mänt ihr · für än Sitzbankbelag · hette no · die Pfennig · gelangt?
Nit üms · · ·

7. Das Prinzenpaar · in diesem Jahr · des wird von Glasfld · g′stellt.
Der Klaus un aa · die Monika · das Narrenzepter hält. (dass′s nit fällt!)
Nachdem · der Prinzessin · ihr′n Babbe · Hausmetzger is · warte mir
uff dan Aschermittwoch · in Glasfld · ohne Schrecke.
Mänt ihr, zu euere Grumbiern · wär′n dann no Salzhering nötig?
Nit üms · · ·

8. Ihr liewi Leut · ihr könnt uns jetzt · a·a·a·auf Wiedersehen sagen.
Wir taten was · für euren · Geist · tut ihr was nun · für unsern Magen!
Wenn änner von euch · än ausgab will · mir gehn jetzt · an die Theke:
Mänt ihr · mir hette · dan Hut · ümesunst hiegeläicht?
Nit üms · · ·

74

Firma Braun März 1986

Seit Jahren sind im Pfarrheim hier
just in der Frühlingszeit
bei Kuchen, Kaffee, Spiel und Bier
beisamme die ältre Leut.
Und wenn man fragt, wer ladet ein,
wer tut sich sowas traun?
Dann wird die Antwort sicher sein,
"Die Stifte von der Braun!"
Die Stifte von der Firma Braun.

Braun-Stifte senn ä besondri Rass
zwische Moskau un Mainz.
Kä Wunner, wenn mer sich ausbilde konn loss
vom Rudi und vom Karl-Heinz.
Do werd gelernt, seinen Mann zu stehn,
an einer Aufgab zu kau'n
und mit den Mitmenschen umzugehn:
Das alles lernt mer bei Braun.
Das alles lernt mer bei der Firma Braun!

Eigentlich söllt mer des gar nit glääb,
dass es noch solchi geit,
die für en idealistische Zweck
opfern ihre Zeit;
die sich nicht nur mit sich selbst abgeben,
die niederreißen den Zaun
und nach Miteinander streben
Lobt die Ausbilder vom Braun!
Lobt die Ausbilder von der Firma Braun!

Was wär jedoch die ganze Bagaasch -
längst wär sie eingange schon;
hieß es nicht dauernd: Auf marsch marsch
durch die Direktion.
Wenn von "Ouwe" ness kumme ded,
wär doch von O-fang oo alles zu spet.
Sou aber hoste des feste Vertrau'n:
Die Leitung liegt richtig bei Braun!
Die Leitung liegt richtig bei der Firma Braun!

Der Wilde Bernhard war früher
ein kleiner Ministrant.
Heut ist er Chef und Werksleiter
mit einer glücklichen Hand.
Seit Neunundsiebzig führt er Regie
und treibt die Produktion in die Höh
un vergisst auch nicht, groß anzubau'n;
kurz, es geht uffwärts bei Braun!
Kurz, es geht uffwärts bei der Firma Braun!

Singen ist seine Leidenschaft,
singen kreuz und quer.
Singen tät er mit aller Kraft,
aber's Pfeife liegt em noch mehr.
Ein leichter Anpfiff im Betrieb
ist manchmal wichtiger als ein Lied!
Das ist fürwahr ein richtiger Boss,
Der singt un aa pfeift · wenn's sei muss!
Der singt un aa pfeift bei der Firma Braun!

Seit 8 Johr sind im Pfarrheim hier
und auch wieder heut
Bei Kuchen, Kaffee, Spiel und Bier
beisamme die ältre Leut.
Alle sind sich darüber klar,
Männlein und Weiblein und Frau'n:
Lob und Dank gebührt fürwahr
danne Stifte von der Braun!
Danne Stifte von der Firma Braun!

1986

Eigener Gesang: Gott erhalte
    die alte
    Rathaus-Schul.

    Die alte
    Türmli an der Stadtmauer
    hat er schon
    erhalte.

    Gott erhalte
    darum balde
    auch die alte
    Rathaus-Schul!!!

Mit der Rathausschule besitzt die Stadt · eine alte Burg.
Den Rittern Heinz und Leonhard · macht die viel Kummer und Surg!
Tumbe Bauern berennen sie
und wöllen abbrennen sie.
Fällt sie oder fällt sie nicht?
Am Ende verliert man Kopf oder G´sicht!

Weil bei uns fast gar ness mehr · historisch is in Hädefeld,
höm mir dan beste Fachmann hier · zum Bürgermäster gewählt.
Der nimmt sei Ärwert ernst, wie sich´s gebührt
un passt uff, dass nit souwas wie in Kitzinge passiert.
Drüm hot er aa die Silvesternacht
im alte Rothaus mitere Feuerpatsche verbracht!

Wenn man nun zieht ein Fazit draus · und gibt jedem recht,
gibt's nur eins: ein Jugendhaus! Des wär doch gar nit schlecht!?
Dann könnt saniert werd uff Teufl kumm raus,
Zuschüss gäb's massig fürs alte Rothaus;
un der Herr Krämer hett die Gewissheit,
dass es brönnt in nächster Zeit!

Nachdem Hans-Wilhelm sou schlitznobel is
un uns des Flaschehaus vermacht,
muss doch der Stadtrat "Ja" sag gewiss,
sonst wird er ausgelacht!
Ablehnen darf er keinesfalls nicht,
er käm in Bann und Fluch.
"Nomen est Omen", wie der Lateiner spricht:
Denn Flasche geit's wirkli genug!

Es is nit bloß sou in Hädefeld:
Stur schwört man auf die Menge.
Was manchmal Redner'n an Tiefe fehlt,
ersetzen sie durch Länge.
Und es kommt uns vor manchmal grad
mit schauriger Empfindung:
Was sie uns zeigen, ist kein Rückgrat,
sondern dessen Verlängerung!

1986

Beim Herrn Pfarrer war nit viel los ·
laut seines Jahresbericht's.
Siewemol is er fortg fahre bloß
un renoviert wor'n is nichts.
Dofür falle heuer oo die Millione
bei Sankt Josef un der Kreuzbergstatione.
Dass er des viele Gaald zamm konn raff,
will er heuer · als Bittgänger · ausnahmsweis ·
bei der Pfarrwallfahrt · mit nau die Buche · laff!

Weil historisches wertvoll ist,
wird Sankt Josef restauriert.
Sicher gibt es manch guten Christ,
der das in Demut kapiert.
Unterm Dache sitzt der Rost
und zerfrisst das Eisen.
Fragt nicht, was das wieder kost't.
Nach 20 Jahren soll das nichts heißen!

1987

Letztes Johr war's ä paar Tag arg hääß · eine Affe-Hitz!
Ganz Europa ging uff die Rääs · alles neis Maradies!
Hoffnungslos war'n die Straße vostopft
un bei der Braun-Ampel ging's kreuz und quer;
zum Glück senn die Elli un der Wili rümg hopft
und regelten ihren Verkehr.

Endlich ist die Malzfabrik · in Schutt und Asche gesunken.
Sie stört nicht mehr zum neuen Rathaus den Blick ·
und hat auch ausgestunken.
Störe tut uns eigentlich bloß, dass mer nit dan Entschluss hot gefasst
un ließ die Bagger ä Stück weiter los: Dort hett´s uns besser gepasst!

Fünfeachtzig Prozent war'n defür,
dass des alte Rothaus söll weg.
Trotzdem steht es, halb fertig schier · uff seinem alte Fleck.
Des Volkes Wille ward einfach missacht,
so dass die Wooch (Waage) sich vokehrt rüm neigt
un es kümmt uns der schwere Verdacht:
die Wooch is falsch geeicht!

Wer bei uns ä Glas Bier möcht genieß · un was dezu ass will,
der lenkt ganz automatisch sei Füß · hie zum Bräustüble: Zum Till!
In seiner Küche ein Zauberer, ist er in ganz Europa bekannt.
Drum wurde auch zu seiner Ehr der Dillberg nach ihm benannt!

Die Volkshochschul in unnerer Stadt
mecht fei scho manchmal was zamm.
Denkt ämol oo, mer gläbt's nit, die hat
Bauchtanz im Bildungsprogramm.
Kümmst racht müde von der Ärwert nach Haus,
schwabbelt dei Mäusle mit'm Ranze ganz kess;
Möchste am liebste widder rückwärts glei naus!
Manchene graut's vor ness.

Weil man die Kirch Sankt Laurentius
hinterm Alte Rothaus kaum sicht
Fasste ein Stadtrat den Beschluss:
Die wird erhellt dort mit Licht!
Do wer´n die Taube dort schöö dumm gucke,
brenge nachts kaum zu mehr ä Aach!
Wer´n schnall zum alte Rothaus nü·rucke:
Än teuere Taubeschlag!

1987

Weil der König Ludwig seinen Kopf verlor
drüben an unserer Brücke,
wird ein Ersatz beschafft, des is doch klor,
um auszufüllen die Lücke.
Weil wir modern sind und liberal,
wird der Sockel <u>rot</u> auf jeden Fall.
Doch obendrauf kann nur allein
unser König Franz-Josef sein!

Wiederum wurde von der Stadt
der Ehrenring verliehen
Einem Mann, der viel geleistet hat
und dem sein Werk gediehen.
Wir gratulieren mit unserm Gedicht,
möchten doch aber gern wissen,
ob ab jetzt ein Händedruck genügt
oder ob wir den Ring küssen müssen?

Gehst du an der Post und an der Aussicht vorbei
und die Georg-Mayr-Stroß hoch
siehst du nach zweihundert Metern, ei ei
eine Synagog.
Weil souwiesou die Baywa kümmt weg,
niemand mehr wird es verhindern;
Müsse mir halt, es is scho ä Pech,
ä bissle unner Stadtwappe ändern!

Letztes Johr is ä Wunner passiert. Unner Pfarrer war do!
Bei der Wallfahrt is er mitmarschiert · in Dulce Jubilo!
Sicherlich deshalb: Weil, es geht nicht an,
dass man als frisch getrauter Dekan
seine Schafe sich selbst überlösst.
Drüm hot er mietgemüsst!

Wenn Frau Rufina Urlaub macht
un nit dan Pfarr konn versorg,
muss der Hochwürden, des wär doch gelacht,
aa in der Küche rümworg!
Letzte Woch hot er Zolat wöll misch,
aber zu seinem Leidwesen:
Auf einmal schwamm die Soß´ auf dem Tisch;
die Schüssel ist ein Seiher gewesen!

Endlich is die Josefskirch wieder renoviert
un die Schulde sen hinterm Berg, alles läfft wie g´schmiert
Wos do jetzt wohl der Pfarrer mecht, müsse mir uns frag:
Es wär doch sicherlich nicht schlecht in der Kirch än Sitzbankbelag.

Kaum ist Sankt Laurentius
widder ämol gemacht,
geit´s scho Ärger un Verdruss,
dass es bloß sou kracht!
In der Kirch is der Hausschwamm drin
un vermehrt sich sehr.
Man nennt ihn daher "Laurenzi-Pils",
dem "Braumäster" stinkt das schwer!

(1988 war ich auf Genesungskur, daher keine Gedichte)

1989

Unner Bürgemäster, der Leonhard,
wäss meistens, was er will;
un kümmt sei Gosche ämol in Fahrt,
steht sie sou schnall nömmer still!
Alles will er salwer mach,
sogar uff die eigene Finger schlag!
Doch des mecht dam gar ness aus,
er hot jo sein Dokter im Haus!

Der Marktplatz einen Brunnen kriegt
mit einem Fischersmann.
Doch wie der aussieht im Gesicht,
man noch nicht sagen kann.
Vom größten Fischer in der Stadt
möchte man das Konterfei!
Doch sich noch nicht entschieden hat,
ob´s der Papert oder der Udo sei.

1989

Douwe om Ächhoulz hot der Bund
Naturschutz öbbes bewäigt:
Alti Obstbaamsorte und
Hecke oo-geläigt.
Überall hengt ä Schildle dro,
wie sie hässe, die Öpflbömm.
Des is praktisch: Dann wisse mer scho
beim klaue, was mer höm.

Einer kriegt´s in die Wiege gelegt,
ein Andrer bekommt es nie.
Das hat schon oft die Gemüter bewegt:
Wo viel is, geht no mehr hie!
So hat die Sparkasse den schönsten Mann,
das ist der Aufsichtsratvorzende Grein!
Nun kommt sie noch mit dem Allerschönsten an:
Marketing-Direktor soll er sein.

Die Post muss endlich jetzt douwe rau,
weil dort zuviel Verkehr.
Erst wollte sie in die Baumhofstroß nau,
das missfiel einigen sehr!
Jetzt will sie sich naw´m Rothaus ei-nist.
Dodezu sage mir bloß:
Ein Glück, dass die Altstadt beruhigt ist,
sonst wär dann der Teufel dort los!

Seit einem Jahre haben wir
einen neuen Pfarrherr.
Wobei festzustellen wär:
Er ähnelt dem vorher nicht arg sehr.
Bei dam Hochwürde müsse mer fei
ganz besonders vorsichtig sei!
Do derfste sou ness un aa sou ness sag,
sonst hässt´s gleich, mir hette was g´sagt!

Jedes Johr im Mai oder später
treffen wir uns früh´s um vier.
Es wallen Kinder und Mütter und Väter:
Bloß der Herr Pfarr ist nicht hier!
Weil er was annersch zu mache hett,
könnt er ″nau die Buche″ nit bei uns g´sei!
Wenn der sou langsam läfft wie er bet´t,
würd´s aa Weihnachte debei.

In den Zeitungen in Hädefeld
schreiben die ″Aufklärer″ groß.
Kaum ist der ″Nachbar″ kalt gestellt,
ist die ″Ruminantia″ los.
Das geht noch an. Doch der Fischer´s Fritz
wöchentlich uns seinen Senf serviert.
Jetzt kreist die ″Hex″ noch, die ohne Witz
jeden Scheißdreck uffs Butterbrot schmiert!

1989

Ein Dichterling in Zimmern droben
kritisiert Gott und die Welt;
fühlt über andre sich hoch erhoben,
hauptsächlich über Hädefeld!
Ihm fehlt scheint´s Lob nur und Preis und Ehr!
Drüm möchte mir dan Vorschlag mach:
Dass er ein Denkmal kriegt, der Herr,
in unnerer Kläranlag.

1990 in Glasofen gesungen:

1.

Es leit e Dörfle zwischen Feldern und Wiesen,
es leit e Dörfle im Spessart om Raa.
Da kann man das Leben so herrlich genießen
und drunten im Grunde läfft´s Glasbachle naa.

Refr: In Glasfld, ja, do lösst sich´s gelebe,
in Glasfld, ja, kann gar sehr arg viel g´scheh.
Geht ää ä·mol aa ä Sach denebe, in Glasfld is scho schöö!

2.

Kommst du von irgendwo her, fühlst dich gleich wie bei Mutter´n
beim Sunnewirt sowieso hast Du G´sellschaft im Nu!
Da gibt´s Wein und Martinsbier, was gutes zu futtern
und irgendsou än Kaarle trinkt "Schwarzi" dezu.

3.

Herrlich gemütlich geht es zu beim Köhlerfest.
Fast alles is friedlich, manchmal scheint aa die Sunn.
Da kommen in Scharen von überall her die Gäst:
Aus Hessen und Baden un aa von Märchebrunn!

1990

Als nach der Mess unner Leonhard
wollt in den Urlaub ziehn,
endete schon vor dem Rathaus die Fahrt:
Denn im Tank war kein Benzin.
Da stand er nun, die Christiane dabei,
suchten ihre letzten Pfennige z´samm,
jammerten, was das für ein Elend sei
durch´n Blüm sein Scheiß·Sparprogramm!

Unser Landkreisvater
Armin der Greine von Schön:
Fuffzich Lenze hat er
mittlerweile geseh'n.
Diesem alten Hasen
zögen gern manche das Fell über's Ohr.
Doch das wird er nicht zulassen,
wenigstens kümmt's uns sou vor!

Gehst du die Würzburger Straße entlang,
gleich nach der Polizei
hörst du manchmal hellen Gesang
aus der Gärtnerei.
Das kann doch nur der Hermann sein -
als Bundesgärtner weithin bekannt.
Er wird von seinen Enkelein
am liebsten "Fleur-Opa" genannt.

1990
Wie sich jedes Johr mehr zeigt,
werd's am Festplatz sehr arg eng.
Drüm sollt mer an Laurenzi vielleicht
alles nuff die Martinswiese breng.
Do wär doch Platz für Groß un Klää,
aa für die Ständ, entlang dunne'm Mää;
kän Nachbar werd nachts mehr uffgeweckt
un die Bierleitung läigt mer direkt!

Letzt's Johr im Summer in der Früh
senn ä paar plötzlich gerennt,
laffe schnall in die Fahrgasse nü,
weil's beim Löwewirt brönnt.
Zum Glück war's Feuer bald ausgemacht.
Wie der Ernst kumme is, hot er g'sacht:
"Eigentlich is des nit schlimm sou sehr,
von der Sorte hab ich noch mehr!"

Dunne in der Kläranlag
senn Kapazitäte frei.
Des hässt uff deutsch, es läuft halt dort
zu wenig Sch · mutzwasser nei.
Dass in dem Werk kän Leerlauf sei,
schlage mir Euch vor:
Schmeißt doch gewisse Zeitgenosse nei,
vielleicht wern die dann widder klor!

Düwe in der Bahnhofstroß
Hot's eines Nachts fest gekracht.
Höm doch sou Läushammel ausnahmslos
alli Lampe kaputt gemacht.
Mir mäne, des is bloß passiert,
weil die Lampe nachts leuchte sou hell!
Wenn mer die abstellt, senn die Stääschmeißer ausg'schmiert:
Dunkli Lichter trifft mer nit sou schnell.

Jetz kann sich als Brunnestadt
bezeich'n Hädefeld.
Meister Eschenbacher hat
än uff'n Marktplatz hieg'stellt.
Wahrhaft ein Kunstwerk ist es doch,
das da der der Heinz mit Freude vollbracht.
Hinter dem Rücken des Fischer's hat er zusätzlich noch
zwää hübschi Kinner gemacht!

99

Des war doch beinah ein Riesenspaß,
wie mit dem Ochs am Spieß
auf dem Marktplatz die Kreissparkass
ihr Jubiläum feiern ließ.
Leider konnte nicht jeder seinen Hunger dran stillen.
Wir möchten Euch daher raten:
Nächstens müsst ihr ihn mit Backpflaumen füllen
und ein größeres Öchslein braten!

Der Landrats-Schoppen für 25.06.1991

Es war einmal ein Lehrer: Grein!
Musst in der Schule hocken.
Sprach: "Das bleibt nicht so, wie ich mein,
da ist es mir zu trocken!"

Er schaut sich um im Frankenland
zur Rechten wie zur Linken:
"Wo finde ich die Rettungshand ·
wo krieg ich was zu trinken?"

Hals, Körper, Seele, alles matt,
erbärmlich hat er g´winselt;
doch alsobald Fortuna hat
ihm lächelnd zugeblinzelt.

Der Armin zögerte nicht mehr,
bewarb sich in Marktheidenfeld
und wurde · mancher staunte sehr ·
als Bier-germeister gleich gewählt.

Nun war befriedigt Leib und Geist!
Mit Feuereifer packt er´s an
und zeigte · an Laurenzi meist ·
was ein Bier · germeister leisten kann.

Jedoch, nach ein paar Jähr´chen
wurd es ihm dann zu feucht:
Denn die er trank, die Bierchen,
hätten für 3 gereicht.

Er sprach zu sich: "Du bist nicht g'scheit,
die viele Brüh lässt du jetzt sein!"
Und er erweckte Reu und Leid
und trank von nun an Wein.

Dieweil er hörte alsobald
von Amman's Landratsschoppen
und sprach: "Da wird ich Landrat halt,
wer sollte mich denn stoppen?"

Und siehe da, gesagt, getan.
Jetzt hockt er ganz da oben;
nippt an den Schoppen dann und wann
und lässt ihn allseits loben.

Und die Moral von der Geschicht?
Recht viel geändert hat sich nicht!
Muss wieder in der Stube hocken,
doch nicht die Luft · der Wein ist trocken.

Predigt zur Feier des 70. Wiegenfestes von
Hans-Wilhelm ARMSTARK   1992

Eichel Sieben	· nix für uns!
Eichel Acht	· nix für uns!
Eichel Neun	· nix für uns!
Eichel Zehn	· nix für uns!
Eichel Unter	· nix für uns!
Eichel Ober	· nix für uns!
Eichel König	· nix für uns!
Eichel ASS!	· is was für die alte Weiber mit ihrene dicke Leiber · und das elektrische Licht leuchte Ihnen in Ewigkeit. Amen!

Gaudeamus omnes in Domino,
diem festem celebrantes · · ·
    (Wir wollen uns freuen im Herrn,
     den festlichen Tag feierlich zu begehen!)

Und es begab sich also am 22. Januar 1922, dass bei den Deutschen Wintersportwettbewerben Werner Rittberger wiederum Deutscher Meister wurde.
Er wurde dies durch einen doppelten Rittberger sowie einem 3·fachen Axel.

Hurra · Hurra · Hurraa · · ·
So schrie auch der frischgebackene Vater und Schmiedemeister Wilhelm der Armstarke, da ihm an diesem Tage und zu dieser Stun-de von seiner Frau Martha kein doppelter Rittberger und auch kein 3·facher Axel, sondern ein einfacher Knabe geboren wurde.
Der war klein und schrumpelig und hatte nur wenige Haare.
Und der Knabe wurde Hans·Wilhelm genannt.

· · ·

Und es geschah also, dass dieser Spund bestens gedieh an Leib und Geist und Haaren und ein gar prächtiger Kerl wurde.
Kein Kraut war ihm gewachsen · er aß alles auf.
Kaum ein Wort kam ungesagt über seine Lippen.
Er schrie auch nicht so laut herum wie die anderen Kinder.
Er schrie noch viel lauter.
Kurz gesagt, er berechtigte zu Hoffnungen.

· · ·

Und es hub die Zeit an, da er einen Beruf erlernen sollte.
Also sprach der Vater Wilhelm zu Hans·Wilhelm:
"Hans·Wilhelm", so sprach er also: "Du bist ein aufgeweckter Junge, du hast einen vortrefflichen Wuchs und einen starken Arm.
mich deucht, Du solltest Metzger werden!"

Da aber erblasste Hans-Wilhelm, die Zieh knitterten ihm
und er schluckte schwer.
Doch er ermannte sich, tat seinen Mund auf und sprach also:
"Liebster Vater, ich danke dir für alles und für das andere
auch, aber was ich werden will und werden werde, werde ich Dir
nun sagen:
"ICH WILL MALER WERDEN!"

Und so wurde Hans-Wilhelm Maler · und kein Schlächter!

· · ·

Und es kam die Zeit, dass der verdammte, große Krieg begann.
Auch Hans-Wilhelm wurde nicht verschont, aber irgendwie kam er
durch.

Um Halbzwölf am Morgen danach, ganz in der Nähe von
Marktheidenfeld, streckte er den Kopf aus dem Sand.
Und da er sah, dass nun die Luft rein sei, trottete er in den Ort.
Seitdem haben wir ihn.

· · ·

Und es begab sich also, dass er in der Stiergasse, bei der
Langs Juliane, ein kleines Zimmerlein ergatterte.
Und da er nicht nach Brüx, was seine Heimat war, zurück konnte,
blieb er bis auf Weiteres hierselbst wohnen.

Da aber die Juliane ein überaus neugieriges Wesen war und alles
wissen wollte, fragte sie folgerichtig den neuen Mieter, ob er
einen Beruf erlernt habe.
Und der gab zu erkennen, dass er Grafiker und Maler sei.
Da freute sich die Juliane über die Maßen und redete zu ihm also:
"Do zeich emol, ob de mein Spitzbohnekaffee mahl konnst!"
Und Hans-Wilhelm mahlte.
· · ·

Und er zeichnete und malte: Für 3 Pfund Kartoffeln, für Zigaretten,
für den Turnverein, für Geld, für ohne Geld, für die Militär-
Regierung, für 2 Stück Leinwand, für die Amis, später für die
Zeitung, für Jedermann, für den Gesangverein, für seine Freunde,
für seine Freundinnen, für usw. usw. · · ·
Und er zeichnete und malte so vortrefflich, dass er davon leben
konnte.

Später dann zog er um in die "Postbräu", in sein neues Atelier.
Seitdem muss die Lang's Juliane ihren Kaffee wieder selber mahlen.

· · ·

In jener Zeit also wurde Hans-Wilhelm immer aktiver.
Beim ersten Sonnenstrahl, der in sein Schlafzimmer drang,
(es lag gen Westen) sprang er aus dem Bett, in dem er gerade lag, und
frühstückte ausgiebig.
Dann tanzte er zum Brode Willi hin und sie gründeten den Fremden-
verkehrsverein.
Zwischendurch zeichnete und malte er.
Am Spätnachmittag wurde der Richard in der Mitteltorstraße
angesteuert wegen dem Kaffee und dem Skatspiel.
Zwischendurch wurde gezeichnet und gemalt.
Feldhandball war seine große Liebe vom Sport her gesehen.
Dazu waren des Abends einige Übungsstunden angebracht.
Danach ging's dann noch zum Märt ins Schwimmbad.
Dort befand sich nämlich eine Keller-Bar!
Das wusste kaum jemand. Aber Hans-Wilhelm wusste dies.
Es war dies eine tolle, aber schöne Zeit!
Unvergessen sind seine Mittagessen am Spätz-Eck beim
Schiffmeier's Otto unterm Balkon.
Im FREIEN!

Hier hat HW den Hädefelder "Bauern" mal gezeigt,
wie französische Lebensart zelebriert wird!
Er war gewiss nicht der erste Pariser in Marktheidenfeld,
jedoch war er der erste, der sich öffentlich zur Schau stellte.
- - -

Später dann erwarb er den verbrauchten Bullenstall in Glasfld
und richtete ihn her für seine Zwecke.
Und Glasfld zehrte auch von seiner Kunst und die Bürger dankten
es ihm.
- - -

Und es kam die Zeit, da er die Uschi kennen lernte und sich die beiden
verliebten:
        Die do in dan do un der do in dare do.
Und er fragt die Uschi:
        "Gehst Du mit mir do nau do zu dam do
         un bleist dann in dam do bei mir do?"
Und freudig sprach die Kneipp-Maid:
        "Ja, Hans Wilhelm,
         ich geh mit Dir do nau do zu dam do
         un bleib immerzu bei Dir do!
Und so schlossen sie die Ehe und waren glücklich und zufrieden.

- - -

Und alle Jahre wieder erschien die Fasenacht.
Und alle Jahre wieder malte HW die trefflichsten Plakate.
In Glasfld un Hädefeld un aa für die Bänkelsänger.
So was konnte man gar nicht bezahlen,
und damit rechneten wir auch.
Für eine urwüchsige Fasenacht gab HW sein Herzblut.
Dafür können wir diesem wahrhaftigen Lebenskünstler
nieee genug danken!!!

- - -

Blei weiterhin g´sund un denk immer droo:

"Ein Denkmal bist Du!
Nit in unnerer Kläranlag,
des käm uns nie nei´n Sinn.
Du lebst bei Nacht un aa bei Tag
immer in uns do din!!!

· · ·

Haec dies quam fecit Dominus.
Exultemus et laetamur in ea. Alleluja.
(Das ist der Tag, den der Herr gemacht hat.
So freuen wir uns und singen. Halleluja.)

Eichel Sieben · · ·

HANS-WILHELM ARMSTARK feierte seinen 70. Geburtstag. Unser Bild zeigt ihn mit seiner Frau Ursula, Landrat, Bürgermeister und den Marktheidenfelder Bänkelsängern.

1993

Mancher Mensch wird hie und da
von anderen schnell verunglimpft.
So wurd´ Liane Hudalla
kürzlich gegen Tollwut geimpft!
Nimmt man sich aber den Stadtrat so vor,
ist etwas faul an dieser G´schicht:
Warum impft man die Liane nur
und die Anderen nicht?

Guckt man nei´s Rothaus: Die tue do din
bloß unner Gaaldbeutel ausrömm.
Manchesmol meistens kümmt´s uns nei´n Sinn,
dass die die Tollwut all höm.
Ausgabengeil und ohne Genie
bauen sie manchen Scheiß.
Sicher versteh´n die unter Demokratie:
Das Geld der Andern nau-schmeiß!

Hast du ein Wehweh, kümmt Pflaster drümrüm,
dann wird´s scho widder gut.
Mancher hot sei Pflaster dehömm,
<u>hier</u> herrscht die Pflaster-Wut.
Straße un Gassli un Marktplatz dezu,
alles pflastert mer zu - im Nu.
Sind Geld und Steine noch übrig dann,
fängt man von vorn wieder an!

Der Bürgermeister von Hädefeld
ist kein geiziges Haus.
Wahrscheinlich hat er viel zuviel Geld,
weil er geits unnötig aus!
Zehtausend Mark für an änziche Baam!
Do is kä Wunner, dass jedermann schennt!
Des kümmt uns vor wie än ganz krumme Kram,
Spaß dro höm bloß die Hünd.

In der Zeitung stand es groß:
Den Südring hat ungeniert
und mutig unser Bürger-Boss
mit Zebra-Streifen verziert.
Doch war auch dies ein krummer Kram
und man hat sich schwer blamiert
und, weil kein einziges Zebra kam,
die Strich wieder ausradiert.

Weil's alte Rothaus sou billig war · un alles gut geklappt,
hot mer ä Viertelmillion sogar · hinnenoch berappt.
Känner war schuld, wie's halt immer sou geht ·
obwohl manche sehr gebangt!
Mir sage bloß: Ihr Leut, des hett
dreizehtausend Käste Bier gelangt!

Mir könnte laufend sou weiter-g´sing, Stoff dazu gäb´s zu Hauf.
Do wurd gedreht noch manch anderes Ding · aber mir hör´n lieber auf.
Scheinbar gehört das zur Politik:
Drauf auf die Kleinen dass es nur so kracht!
Aber sie kriegen dieses fiese Stück
von OBEN ja vorgemacht!

60. Geburtstag Hr. Pfr. Reinhold Herbig, Zimmern / 15.03.1998

Vor etwa 10 Jahren saß in Rothenfels am Main
der von Röttwi heruntergekommene Pfarrer Herbig allein
in seinem riesengroßen Pfarrhaus
und sprach: Das halt ich nicht aus!
Ich gehe jetzt über des Maines Fluss!   O-ra-ti-o-ni-bus!

Und so geschah es also, dass er das Bündel da drüben schnürte
und nunmehr im rötlichen Zimmern die Schwarze Trommel rührte.
Obgleich das neue Pfarrhaus war nur eine kleine Welt,
War er doch immerhin der 2. Stadtpfarrer von Hädefeld!
Und er sprach den Friedensgruß.   Orationibus.

Seit den Pfarrer sein Los über die Fluten des Maines geführet,
war Rothenfels gerömmt · und Zimmern gezieret.
Und die Gemeinde spürte seine geballte Autorität
meistens früh am Morgen. Doch weniger am Abend spät,
     Weil er da lieber ins Bett neigeht.

Weil er doch täglich früh um 5 wieder aufsteh'n muss. Orationibus.

Seine Stimme dringt durch alle Mauern und Lande gewaltig
und seine Worte gehen in die Herzen nachhaltig;
und singen tut er viel und laut von früh bis spat
und erzählt auch gern einen Witz, wenn er grad die Laune hat,
aber niemals einen Stuss!   Orationibus.

Er hilft nicht nur den Schafen und Böcken in Zimmern;
wenn andere blöken, muss er sich auch um diese kümmern.
Ob er gebraucht wird im Üst-lichen Hädefeld
oder in einem anderen Teil der Welt;
niemals bereitet es ihm Verdruss!   Orationibus.

Eine Last ist in den Schulen der Glaubensunterricht heut,
am liebsten hätte er die Bande schon mal verbleut;
aber er muss sich in Demut abreagieren
und geht deshalb ausgiebig spazieren;
und das tut er meistens zu Fuß.   Orationibus.

Seine Toleranz ist vorbildlich,
wenn man es so nimmt.
Er lässt jede Meinung gelten,
solang sie mit seiner eigenen übereinstimmt.
Und stinkt ihm was, dann tut er
Kartenspielen mit dem Computer,
weil ihm da keiner dreinreden muss.   Orationibus.

Früher tat der Pfarrherr begeistert in den Bergen kraxeln,
Aber mit "60" streiken so langsam die Haxeln.
Dass du trotzdem das Land kannst von oben betracht,
Hat dir die Pfarrgemeinde einen Rundflug vermacht;
Das wird sicher ein Genuss!   Orationibus.

Nicht immer kann auf Erden (und in Zimmern) die Sonne lachen,
auch Stürme sind nötig und des Donner´s Krachen.
bleib weiter du der Hirte des Herrn
mit rauer Schale und gutem Kern,
wie sein muss eine gesunde Nuss!   Orationibus.

Ut in Omnibus Glorificator DEUS,
so steht auf dem Bildstock in Mattenstadt am Me-us.
Damit in Allem Gott verherrlicht werde,
brachte der Herr seinen Hirten Reinhold zur Zimmerner Herde;
Hüte die Deinen bis zum Schluss!   Orationibus.

Edwin Brod

Gedichte und Moritaten
aus Marktheidenfeld und dem Spessart

Books on Demand Norderstedt 2010
ISBN: 978-3839-166635

Einige ausgesuchte Werke des
Martheidenfelder Bänkelsängers Edwin Brod
Zumeist in original "Hädelfelder Mundart"
Absolut typisch für den trockenen, direkten
und unverblümten Humor dieses waschechten Unterfranken

Anna Dorb

Gschichtli und Gedichtli
eine gärtnerisch-kulinarische Zeitreise
von 1965 bis heute
Mit Gedichten, Geschichten und Bildern aus
Marktheidenfeld und dem Spessart,
der Alpenstadt Bad Reichenhall und Bayerisch Gmain,
Forchheim und Hausen in Oberfranken
und dem Badischen Boxtal

Fröhliche, positive Texte, die Freude und gute Laune verbreiten

Books on Demand Norderstedt 2010
ISBN: 978-3839-170410

Anna Dorb
"Haben Sie den Herrn Hämpfel gesehen? "
Erzählungen eines immermüden Nimmersatt
BoD 2008   ISBN: 978-3837-031652

Neues von "Herrn Hämpfel"
Das Vorderhaustürtier plaudert aus dem Nähkästchen
BoD 2009   ISBN: 978-3837-039566